필립 코틀러
전략3.0

The Quintessence of Strategic Management
by Philip Kotler, Roland Berger and Nils Bickhoff

새 로 운 시 장 을 창 출 하 기 위 하 여

필립 코틀러
전략3.0

필립 코틀러 외 지음 ┃ 방영호 옮김 ┃ 박기안 외 감수

청림출판

한 그루의 나무가 모여 푸른 숲을 이루듯이
청림의 책들은 삶을 풍요롭게 합니다.

더 이상의 새로운 전략은
필요하지 않다

전략이나 전략 경영에 관한 새로운 책이 출간되면 일단 이런 의문이 든다. 탁월한 전략 지침서들이 하루가 멀다 하고 쏟아지는 지금, 경영자들이 정말로 새로운 전략 지침서를 원할까? 이 물음에 답하듯 최근 몇 년 동안 전략 및 전략 경영에 대한 그들의 지식수준은 그다지 향상되지 않았다. 그 이유는 무엇일까?

첫째, 경영학 전공자들이 수없이 배출되고 있으며 이들을 비롯한 많은 사람이 전략을 개발하고 있지만, 그럼에도 불구하고 전략을 실천하는 대부분의 사람들에게 전략의 의미와 프로세스, 핵심 도구들과 그것들의 관련성에 대한 기초 지식이 부족하기 때문이다.

둘째, 위기가 일상화된 오늘날, 전략에 관한 정보와 방법론이 넘쳐나고 있다. 하지만 아직까지 누구도 경쟁시장에서 살아남는 데 필요한 핵심 전략, 즉 전략 경영의 정수精髓를 제대로 밝혀내지 못하고 있기 때문이다.

《필립 코틀러 전략 3.0 The Quintessence of Strategic Management》은 전략에 관한 핵심적인 이론을 소개하고 이와 관련된 지식을 의사결정 과정에 쉽게 적용하도록 돕는 한편, 간략하고 이해하기 쉽게 구성해 위의 두 가지 문제점을 보완해준다. 그 외의 내용들은 전략 경영을 포괄적으로 다룬 관련 책들[1]을 참고하기 바란다.

이 책을 읽는 독자들 가운데 현재 전략적 경영을 실제로 실행하고 있는 사람은 많지 않을 것이다. 대학에서 전략을 공부했거나 실무에서 접해본 사람도 있겠지만 대부분은 앞으로 전략을 실행해야 하는 사람들일 것이다. 이들은 실무에서 전략적 상황을 구조화하고 평가해야 하는데, 이 책은 바로 이런 사람들을 위한 책이다.

이 책은 크게 세 부분으로 나뉘어져 있다. 1장에서는 '전략'의 기본 개념과 함께 '전략 경영' 프로세스를 설명하고 있다. 2장에서는 BCG매트릭스, 핵심 역량 접근법 등 전략적 사고를 위한 여러 가지 도구를 제시하고 그것들이 서로 어떻게 연결되고 전략 경영[2]

에 적용되는지 보여준다. 마지막으로 3장에서는 전략 실천에 적용할 수 있는 핵심 경영 개념을 다루고 있다. 여기서 전략 실천이란 여러 가지 접근법의 핵심 이론을 선별해 하나의 실천법으로 통합한다는 의미다. 이를 위해 여러 가지 실제 사례와 가상 사례를 제시했다.

누구도 주어진 상황에 적합하거나 또는 100퍼센트 적중하는 최적의 전략이 있다고 확신할 수 없다. 그러므로 복합적이고 역동적인 상황에서 긴 안목으로 전략적 의사결정을 내릴 수 있어야 한다. 이것이 선행되어야 전략을 어디서부터 어떻게 세워야 하는지 알 수 있고 다양한 관점에서 여러 가지 가능성을 고려할 수 있다. 또한 의사결정의 불확실성도 어느 정도 해소할 수 있다. 전략적 의사결정은 관련 업계에서 다년간 쌓은 경험을 스스로 적용해나갈 때 비로소 할 수 있게 된다.

이 책은 전략적 도구와 프로세스를 활용해 의사결정 과정에서 만나게 되는 수많은 위험들을 줄일 수 있는 노하우를 담고 있다. 언제 무슨 일이 닥칠지 예측조차 하기 힘든 오늘날, 혼돈에 대응하는 전략을 담고 있는 이 책을 통해 전략의 기초를 이해하고 다양한 사례를 바탕으로 전략적 감각을 습득할 수 있기 바란다.

차례

3장 전략 경영의 실제

전략의 본질

위기의 시대,
전략의 정의를 다시 묻다

'전략strategy'이란 무엇인가?

이 질문에 제대로 답변하기란 쉬운 일이 아니다. 전략을 실무에 실제로 적용하다 보면 차츰 전략에 대한 감각이 생기게 마련이므로 처음에는 전체적인 맥락에서 전략의 개념을 이해하는 데 주력해야 한다. 전략의 개념은 비단 비즈니스 세계에만 국한되어 있지 않다. 일상생활에서부터 정치, 사회, 문화, 스포츠 등 다방면에서 활용할 수 있는 것이 바로 전략이다. 이 책에서 소개하는 사례들은 주로 경영 현안을 다루고 있지만 전략은 인류가 활동하는 다양한 분야에 접목시킬 수 있다.

전략을 정의한다는 것

"전략이 무엇인지는 사실 아무도 모른다."

1993년 3월 20일 영국의 경제 전문지 〈이코노미스트The Economist〉
는 전략에 대한 당시 사람들의 지식수준을 이렇게 정의했다. 그리
고 지금까지 거기서 한 걸음도 나아가지 못했다. 몇 가지 실제적인
접근법이 개발된 것 외에는 오히려 뒷걸음질하고 있다고 봐도 과
언이 아니다. 최근 들어 전략에 관한 연구가 활발히 진행되고 있
음에도 불구하고 전략의 본질에 대한 관점은 점점 더 흐려지고 있
기 때문이다. 우리가 종종 나무만 보고 숲을 못 보듯, 전략의 개념
이 넘쳐나는 탓에 전략의 본질을 제대로 이해하지 못하고 있는 것
이다.

명망 있는 하버드 대학 경영대학원도 '지나친 분석으로 인한 마
비 상태'의 위험을 지적했다. 전략적 의사결정을 내려야 하는 특수
한 상황에서 지나친 분석으로 인해 오히려 더 복잡해지는 전략의
관점에 대한 고민이었다. 경영사상가인 코스타스 마르키데스Costas
Markides는 전략을 세우면서 전략의 개념에 유념하라고 충고한다. 마
르키데스는 전략 적용의 결과를 토대로 전략의 우수성을 평가한
다. 그는 성공 기업의 이면을 들여다보면 하나같이 우수한 전략을
가지고 있다[3]고 말한다. 그리고 이러한 성공 기업의 전략을 이해

하고 모방하는 데 집중할 필요가 있다고 충고한다. 이는 전략에 대한 정확한 정의를 찾는다는 것은 현실성 없는 일이라는 충고인 셈이다.

전쟁터에서 비즈니스 현장으로

'전략'이라는 단어는 '군대를 이끈다leadership'는 뜻을 가진 그리스어 '스트라테고스strategos'에서 유래했다. 이런 어원으로 미뤄볼 때 전략은 '특정한 목표를 달성하기 위해 계획을 세운다'는 의미와 관련돼 있음을 알 수 있다.

프로이센의 장군이자 전쟁이론가인 카를 폰 클라우제비츠Carl Von Clausewitz는 "전략은 병력의 절약이다"라는 말을 남겼다. 그는 최초의 전략가로 알려져 있지만 역사를 돌아보면 클라우제비츠 이전에도 카이사르Caesar, 손자孫子, 마키아벨리Machiavelli 같은 많은 군사 지도자들이 전략을 기반으로 군대를 조직하고 정비했다[그림 1] 참고). 그리고 이들이 세운 전략들 중에는 오늘날 기업 경영에 적용해도 여전히 유효한 것들이 많다.

과거에 기초 군사 전략으로 사용된 '자원 집중, 기습, 혁신, 체계와 소통, 목표와 자원 조정, 자체 강점 고려' 등의 전략들은 경쟁이

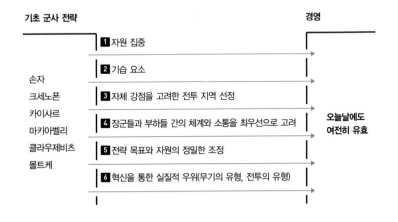

그림 1 현대 경영에 적용되는 기초 군사 전략

기초 군사 전략   경영

손자
크세노폰
카이사르
마키아벨리
클라우제비츠
몰트케

1 자원 집중

2 기습 요소

3 자체 강점을 고려한 전투 지역 선정

4 장군들과 부하들 간의 체계와 소통을 최우선으로 고려

5 전략 목표와 자원의 정밀한 조정

6 혁신을 통한 실질적 우위(무기의 유형, 전투의 유형)

오늘날에도
여전히 유효

극심한 오늘날의 비즈니스 세계에서 모든 기업의 의사결정권자들이 외치는 구호가 됐다. 전쟁터에서 비즈니스 현장으로 장소만 바뀌었을 뿐 전략의 본질은 바뀌지 않은 것이다.

명장 한니발의 전략이 실패한 이유

최초로 전략을 사용했다고 알려진 고대 군사 지도자들의 사례를 잠시 살펴보도록 하자. 이를 통해 전략의 복잡성을 이해하고 왜 군사 지도자들의 탁월한 전략이 성과를 가져다주지 못했는지 그 이

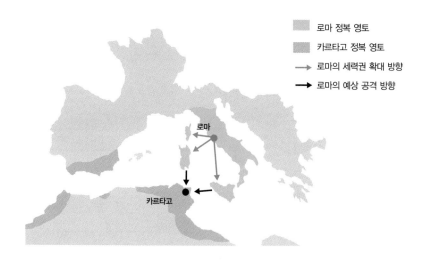

그림 2 제1차 포에니 전쟁(BC 264~241)

로마 정복 영토
카르타고 정복 영토
→ 로마의 세력권 확대 방향
➡ 로마의 예상 공격 방향

로마

카르타고

유를 알아보도록 하자.

기나긴 전투 끝에 카르타고는 제1차 포에니 전쟁에서 패하고 말
았다(BC 264~241). 이에 따라 지중해 중심의 패권은 로마로 넘어갔
고, 카르타고 정부는 로마 함대가 본토를 정복하기 위해 공격해올
것을 우려하게 됐다.

카르타고 정부는 로마의 공격을 예상하고 한니발Hannibal을 사령
관으로 임명한 뒤 그에게 전략을 마련하도록 지시했다.[4] 한니발은
로마와 카르타고의 대치 국면 초기 형세를 파악하고 양쪽 진영의

그림 3 **로마와 카르타고의 전력 비교**

초기 형세 / 전력

	카르타고	로마
보병	★	★★
군함	★★	★★★★
기병	★★	★
혁신적 수단	코끼리	– –

전력을 비교 분석한 결과([그림 3] 참고), 보병과 군함의 힘에서 로마
가 훨씬 우세하다는 점을 발견했다. 이런 상태로 또다시 해전을 벌
이면 카르타고가 패할 것이 자명했다. 그러나 기병과 당시에 로마
군에게 알려지지 않았던 전투 코끼리를 보유했다는 점에서는 카르
타고가 로마보다 유리했다.

한니발은 바다로 둘러싸인 로마의 지리적 조건을 재빨리 인지했
다. 바다로 둘러싸여 있다는 것은 해상전이 아닌 육상전으로 공격
해야 한다는 의미였다. 더구나 로마보다 절대적으로 우세한 기병

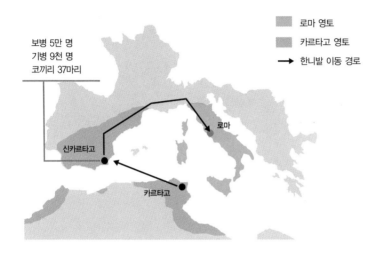

그림 4 카르타고의 로마 공격 경로

로마 영토
카르타고 영토
→ 한니발 이동 경로

보병 5만 명
기병 9천 명
코끼리 37마리

신카르타고

로마

카르타고

과 전투 코끼리를 보유하고 있는 카르타고에게는 해상에서의 전투
보다는 육로로 공격하는 것이 훨씬 더 유리했다. 이에 한니발은 자
신의 전략적 결정에 따라 보병 5만 명, 기병 9,000명, 전투 코끼리
37마리를 배에 태워 이베리안 반도에 위치한 신카르타고로 건너
간 뒤 알프스 산을 넘어 마침내 육지에서 로마를 공격했다.

[그림 1]에서 소개한 여섯 가지 군사 전략을 기준으로 한니발의
전략을 평가한다면 모든 전략적 요소를 계획에 통합한 한니발에
게 좋은 점수를 줄 수 있을 것이다. 그러나 한니발이 이처럼 훌륭

1장 전략의 본질 ••• **19**

그림 5 한니발의 전략 계획 평가

	설명	평가 (- - ++)
1 자원 집중	한니발은 전군을 신카르타고에 집결시켰다.	
2 기습 요소	알프스 산이라는 흔치 않은 경로로 이동해, 이베리안 반도에서 전투가 확대되리라 예상한 로마군의 허를 찔렀다.	
3 자체 강점을 고려한 전투 지역 선정	함대가 로마보다 약세이므로 육상전으로 결정했다.	
4 장군들과 부하들 간의 체계와 소통을 최우선으로 고려	체계적 전법을 구사함으로써 행군 중에 소모되는 자원을 절약할 수 있었다.	
5 전략 목표와 자원의 정밀한 조정	유리한 무기를 가지고 로마군을 격파하는 것을 목표로 삼았다.	
6 혁신을 통한 실질적 우위 (무기의 유형, 전투의 유형)	코끼리 부대를 난생 처음 접한 로마군은 코끼리 부대의 강점과 약점을 잘 몰랐다.	

한 전략을 펼칠 정도로 탁월한 군사 지식을 갖췄음에도 불구하고 카르타고는 그로부터 17년 후에 벌어진 제2차 포에니 전쟁에서 패했다.

여기에는 여러 가지 설이 있다. 일부에서는 한니발이 승리를 거둔 뒤 로마로 통하는 길목을 완전히 장악하지 못했기 때문이라고 주장한다. 그러나 그보다는 한니발이 전술적 전투에 지나치게 의

지한 나머지 자신의 입지와 전력을 약화시키는 바람에 패배했다고 보는 것이 좀 더 타당한 해석이라고 여겨진다. 로마는 이러한 틈을 타서 카르타고의 전략을 파악하고 한니발의 군대를 무찌를 수 있었다.

한니발의 사례를 통해 우리는 다양한 관점에서 전략을 세워야 하며, 아무리 탁월한 전략이라 해도 그것이 영원한 성공으로 이어지지 않는다는 점을 알 수 있다.

우리의 전략은
무엇인가

앞에서 우리는 전략의 기본 개념을 살펴보았다. 그리고 전략을 세울 때는 자신에게 맞는 전략을 찾는 것이 무엇보다 중요하다는 점도 확인했다. 대부분의 기업들은 경제 주체로서 자원 할당의 우선순위를 정할 뿐 아니라 환경 변화에 적응하고 경쟁자의 태도에 반응하며 직원, 고객, 주주에게 사업 방향을 전달하기 위해 전략을 활용한다.

현장의 정의부터 다시 세워야 할 때

연구 문헌에 따르면 전략은 다양한 문제를 해결한다는 점에서 다음과 같이 중요한 특징을 나타낸다.

- 통합적이다. 기업의 핵심 영역 및 부문들과 관련돼 있다.
- 의도적이다. 의사결정권자가 계획한다.
- 실행 지향적이다. 즉각적으로 실행하는 데 중점을 둔다.
- 체계적이다. 제3자가 이해할 수 있어야 한다.
- 지속적이다. 장기적인 목표 달성을 추구한다.

이 밖에도 연구 문헌에서는 전략의 수많은 구성요소들을 열거하고 있다. 어떤 전략을 세우든 장기적 생존을 목표로 삼고, 관련 시장 및 관련 시장에서 비롯되는 기회와 위험에 전략의 초점을 맞춰야 한다. 구성요소들 간의 상호 관련성은 매우 중요하다. 사업의 소재, 지리적 위치, 시간의 관점에서 관련 시장을 정의하고 그에 따라 전략을 세워야 하기 때문이다.

가령 동네 빵가게는 다른 동네 빵가게와 경쟁하지 않는다. 두 가게가 지리적으로 같은 시장에 존재하지 않기 때문이다. 그리고 동네 빵가게에서 파는 롤빵과 같은 동네 정육점에서 파는 소시지는 모두 음식이지만, 이 상품들은 직접적인 경쟁관계에 있지 않다. 전략을 세울 때는 이러한 관련성을 파악하고 숙고해 관련 시장에서 얻을 수 있는 유효한 기회를 적절히 이용해야 한다.

앞에서 설명한 사항들을 토대로 다음과 같은 전략의 정의를 이끌어낼 수 있다.

"기업들이 실천하는 전략이란 종합적 개념으로서, 경쟁과 경쟁에 내재된 기회와 위험에 적극 대처하면서 장기적으로 확실하게 생존하는 것을 목표로 한다. 따라서 기업은 자체의 강점과 약점을 고찰함으로써 전략의 개념을 체계적으로 실현할 수 있다."[5]

대다수 연구 문헌에서는 이와 유사한 정의를 내놓는다. 하지만 이처럼 난해하고 복잡한 개념을 바탕으로 위기를 극복하기 위한 전략을 세우기란 매우 어려운 일이다. 그래서 전략의 개념은 여러 가지 특징들로 구분되기도 하고, 종종 현장에서 적용하기가 매우 힘들 때도 있다.

전략 경영과 전략적 리더십 차이

'전략 경영strategic management'과 '전략적 리더십strategic leadership'은 그 의미가 일맥상통한다는 견해가 지배적이다. 우리는 전략 경영을 이렇게 정의한다.

"전략 경영은 경영자나 고용주 등 특정인들이 앞에서 설명한 종합적 개념을 세우고 실행하는 의사결정 프로세스다."[6]

경영자나 고용주가 달성하려는 목표는 곧 전략 경영의 목표를 의미한다. 그리고 전략 경영의 목표에 따라 기업들이 지향하는 가치와 조직 구조, 기업 문화를 기반으로 비전과 사명을 제시하는 방향의 경영 프로세스가 구축된다. 이러한 '연성 이슈'들은 장기간에 걸쳐 바뀔 수 있는 문제들이기 때문에 여기서는 더 이상 자세히 다루지 않기로 한다. 앞으로의 논의를 위해 이러한 기반 요소들이 있다는 사실만 말해둔다.

전략 실행에
이르는 길

전략 경영은 하나의 프로세스라는 점에서 '전략 계획'(기업 경영에서 공식적인 계획 과정7))이라고도 한다. 일반적으로 기본 계획general planning, 전략 계획strategic planning, 운영 계획operational planning, 운영 계획의 조정 및 통제라는 네 영역으로 나뉜다.

기본 계획

경영자나 고용주는 기본 계획을 수립하면서 달성하고자 하는 미래의 상태, 즉 전략 경영의 목표를 수립한다. 이와 관련해 20세기 중반 이후 비즈니스 리더들은 기업의 유일한 목표였던 이윤의 극대화에서 다른 방향으로 눈을 돌리고 있다. 오늘날의 기업들은 다양한 차원의 목표를 기반으로 활동하면서 공통된 핵심 목표 범주를 갖게 됐다. 이러한 변화에 따라 목표들의 구조화structuring와 포지셔닝positioning, 상호 연계성connection과 관련된 문제들이 부각되기 시작했다.

목표 포지셔닝의 측면에서 기업의 종합적인 목표가 다음과 같은 '생존을 위한 세 가지 필수 요건'을 충족시킬 때 사업의 장기 성공으로 이어진다.

• 언제나 단기적 유동성을 갖춰야 한다.
• 적어도 장기적으로 수익성을 갖춰야 한다.
• 관련 시장에서의 성장률이 평균 이상이어야 한다.

이와 같은 세 가지 조건을 충족하는 종합 목표 아래에는 높은 수준의 목표군이 다수 존재하는데, 이들 목표군은 공식적 영리 목표나 비영리 목표를 의미한다. 목표군은 흔히 수익성 · 매출 · 비용 등의 이익 목표, 판매량 · 고객 · 시장 등의 시장 중심 목표, 품질 · 환경 · 인력 등의 성과 목표로 구성된다. 이 중에서 특히 성과 목표가 이익 목표와 상충하는 경우가 종종 발생한다. 서로 경쟁관계에 있는 목표들로 구성된다 해도 각각의 목표군은 종합 목표를 뒷받

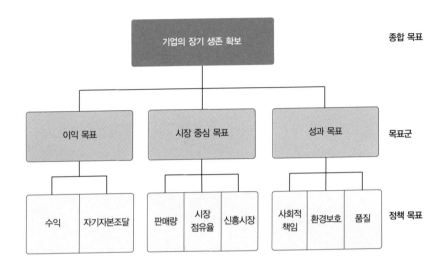

그림 6 계층 구조를 이루는 목표의 다속성 체계

| 기업의 장기 생존 확보 | | | 종합 목표 |

| 이익 목표 | 시장 중심 목표 | 성과 목표 | 목표군 |

| 수익 | 자기자본조달 | 판매량 | 시장 점유율 | 신흥시장 | 사회적 책임 | 환경보호 | 품질 | 정책 목표 |

침한다.

　목표군은 기본적인 정책 목표, 즉 경영자나 고용주가 이런 목표들을 수립해도 되는지 판단하는 기준에 따라 구체화된다. 기업은 기본 계획을 수립하는 초기 단계에 있다 해도 먼저 전략의 개념을 체계적으로 이해해야 한다. 정책 목표는 대부분 소수의 경영진에 의해 수립되어 상의하달식으로 전달된다.

전략 계획

미리 규정한 정책 목표에 적합한 실행 방안을 마련함으로써 전략
의 실행 계획을 수립하는 단계다. 이 단계에서는 포괄적이고 장기
적인 관점에서 전략의 윤곽을 잡는다. 예를 들면 다음과 같은 접근
법으로 전략 계획을 세운다.

> "판매량을 30퍼센트 늘리기 위해 향후 2년 이내에 판매점을 50곳
> 에서 80곳으로 늘린다."

운영 계획

이전 단계에서는 장기적 관점에서 전략의 윤곽을 잡았다면 이 단
계에서는 목표를 실행하고 달성하기 위한 실천 계획을 세운다. 따
라서 구체적이고 단기적인 관점에서 전략의 실행 방안을 마련한
다. 예를 들면 다음과 같이 운영 계획을 세울 수 있다.

> "새로운 판매점 30곳을 개설할 지역과 개설 순서를 정하고 이와
> 관련된 여러 업무를 담당할 책임자를 선정한다."

운영 계획의 조정 및 통제

전략 수립을 마무리하는 전략 계획의 마지막 단계다. 이 단계에서는 미리 결정한 목표의 달성 유무를 정기적으로 점검하고, 필요하다면 대응책을 내놓는다. 예를 들어 지정한 날짜에 신규 점포들을 개설하기 어려운 경우 이에 대한 대책을 세워야 한다.

전략 계획의 개념은 전략이 늘 안정을 보장하지 않는다는 점을 분명히 암시한다. 한니발의 사례에서 볼 수 있듯 상황에 맞는 전략 계획은 반드시 필요하다. 하지만 아무리 탁월한 전략이라 해도 기업의 미래를 영원히 보장해주지는 못한다. 또한 전략 계획을 체계적으로 세웠다 해도 창조성과 전문성을 무시하고 가능성과 통제의 측면만을 강조하는 원칙을 따른다면 운영의 효율성이 떨어질 수 있다. 상의하달식으로 목표를 제시하는 기업들의 경우 의사결정권자의 능력을 지나치게 과신하는 실수를 범할 수 있다.

이런 이유로 캐나다 맥길 대학의 헨리 민츠버그Henry Mintzberg 교수는 그때그때 상황에 맞게 즉흥적으로 떠오르는 전략, 즉 창발적 전략emergent strategy(변화하는 여건에 대응해 전략을 만들어간다[8])과 전략 계획(기업 경영에서 공식적인 계획으로 전략을 세운다)을 구분한다. 기업은 성공과 실패를 거듭하며 학습해나감에 따라 전략의 수준이 높아지게 된다.

어떤 기업이든 최고경영진은 종종 오류를 범하곤 한다. 특히 기업의 연례보고서를 읽어보면 그러한 사례를 쉽게 발견할 수 있다. 연례보고서를 보면 사업 방향과 주주에게 알리는 사업 목표 등이 나오고, 투자 위주의 성장에서 고객 지향 또는 가치 경영 등으로 전략의 방향이 매년 바뀌는 것을 알 수 있다. 전략을 장기적 관점에서 실행한다면 연례보고서도 일관성을 유지하거나 점진적으로 바꿔나가야 한다. 그럼에도 불구하고 연례보고서의 전략 이슈들은 매번 바뀌는 경우가 많다. 이는 한니발의 사례에서 보듯 최고경영진의 전략이 늘 적중하지 않는다는 것을 의미한다.[9]

규칙을 파괴해야
살아남는다

전략 프로세스의 관리 수준을 낮추고 전략 수립 과정에 창조성을 불어넣으려면 기업의 공식적인 계획 수립 과정에서 '창발적 전략을 이끌어내는 직관력'을 발휘해야 한다. 쉽게 말해 소통과 토론을 강화하면서 창조적 전략을 이끌어내야 한다. 다음에서 소개하는 창조적 전략 개발 프로세스, 즉 규칙을 파괴하는 4단계를 따르면 창조적 전략에 수반되는 불확실성을 줄일 수 있다.[10]

왜 규칙을 파괴해야 하는가

기업은 당연히 현재 활동하고 있는 시장의 규칙을 따라야 한다. 하지만 통합 성장 경향과 기술 혁신의 가능성이 적은 시장 환경에서는 장기적인 생존에 심각한 위협을 받기도 한다. 따라서 이런 환경에서는 시장의 규칙을 파괴해나가야 성공을 거둘 수 있다. 아일랜드의 저가 항공사인 라이언에어Ryanair[11], 이케아IKEA, 델Dell, H&M 등은 전통적인 시장의 규칙을 깨고 시장을 선점해 기업을 성공으로 이끈 좋은 사례로 보고되고 있다. 하지만 시장의 규칙을 깬다고 해서 언제나 성공이 보장되는 것은 아니다. 기회는 위기를 수반하기 때문이다. 그러므로 프로세스 중심의 접근법을 펼칠 때는 반드시 관련 업종의 규칙을 파악해야 한다.

규칙을 파괴하는 전략에는 규칙을 따르는 전략과 비교할 때 더 많은 불확실성이 따르기 마련이다. 그래서 전략(또는 실패)을 성공으로 이끄는 데 오랜 시간이 필요한 경우 의사결정권자들은 대부분 관련 업종의 기존 규칙을 고수하면서 불확실성을 최소화하려 한다. 불확실성이 낮을수록 규칙을 깨뜨리기 쉽기 때문에 불확실성을 줄이고 창조적 전략의 성공 가능성을 높이는 프로세스를 필요로 하는 것이다.

우리는 대부분 기존의 환경 속에서 학습해간다. 다시 말해 해당 산업이나 법적인 틀 같은 환경적 맥락에서 전략을 개발한다. 그러나 이러한 습관은 창의성을 발휘하는 데 한계로 작용한다. 자신이 수행하는 비즈니스의 틀에서 벗어나지 못하고 전통적 사고 패턴을 그대로 고수하기 때문이다. 설령 약간의 변화가 있다 해도 '한계적 변화marginal change'에 머물 수밖에 없다. 이런 태도로는 절대로 시장의 규칙을 파괴할 수 없다.

흔히 전략을 수립하는 과정에서 창조적 아이디어를 이끌어내기 위해 전략 개발 프로세스에 전문가를 투입하곤 한다. 많은 기업이 다른 업종에서 최고경영자로 명성을 떨친 이들을 데려와 조직에 신선한 바람을 불어넣으려 하는 것이다. 하지만 경영진을 계속 교체한다고 해서 근본적인 문제가 해결되는 것은 아니다. 오히려 조직에 불안감만 조성될 수 있다.

경험과 관련 지식이 풍부한 컨설턴트를 고용하는 것도 좋은 방법이긴 하다. 하지만 프로젝트는 언젠가 끝나게 마련이고, 그동안 혁신적 아이디어를 제공하고 조직에 신선한 바람을 불어넣어준 사람들은 회사를 떠난다. 따라서 조직이 이들에게 의지하는 데는 한계가 있다. 스스로 큰 그림을 그리고 그간의 '학습'을 바탕으로 나름의 혁신 전략을 세울 수 있어야 한다. 새로운 전략 개발 프로세스, 즉 '규칙을 파괴하는' 창조적 전략 프로세스가 절대적으로 필요한 것은 이 때문이다.

창조적 전략 개발 프로세스 4단계

규칙을 파괴하는 창조적 전략 프로세스는 다음과 같이 4단계로 구성된다. 첫 번째와 두 번째 단계는 전략 컨설팅 분야에서, 세 번째와 네 번째 단계는 벤처투자 업무 현장에서 끌어왔다.

- 1단계: 일반적으로 적용할 수 있는 분석 및 탐색 틀을 만들고 유지한다.
- 2단계: 수집한 정보를 혁신적 접근법을 이용해 유기적으로 결합한다.
- 3단계: 혁신적 접근법을 비즈니스 기회로 전환한다.
- 4단계: 비즈니스 기회와 근원적인 전략 개념을 평가한다.

규칙을 파괴하는 4단계는 자본시장의 관점에서 기업의 위상과 창조적 기법들을 혁신적으로 통합한 방법이다. 이와 같은 4단계 전략 개발 프로세스를 통해 위험을 최소화하고 전략적 창조성을 극대화할 수 있다.

1단계: 분석 틀을 만들고 유지한다

규칙을 파괴하는 첫 번째 단계에서는, 조직에 대한 큰 그림을 그

그림 7 | **일반적 형식의 분석 및 탐색 틀**

환경/긴급 현안

1 탐색 질문	구분1				구분2		구분…	
	자기 업종	업종A	업종B	업종…	자기 업종	업종…	자기 업종	업종…
우월한 전략으로 이어지는 업종의 기존 규칙은 무엇인가?								→
전략을 결정하기 위한 대안 규칙이나 프로세스는 무엇인가?								→
대안 규칙이 더 나은 이유는 무엇인가?								→
대안 규칙을 창조하도록 촉진하는 것은 무엇인가?								→
대안 규칙을 창조하게 하는 동기요인은 무엇인가?								→
'규칙을 파괴하는 전략'을 어떻게 실행하는가?								→

리고 식별한 규칙들을 체계적으로 파괴할 준비를 한다. 이 단계에서는 입수한 정보를 잃어버리지 않도록 체계적으로 접근해야 한다. 가령 담당 직원이 퇴사할 경우 정보 수집을 처음부터 다시 시작하는 상황이 벌어질 수도 있기 때문이다. 분석 및 탐색 틀은 [그림 7]과 같이 '여섯 가지 탐색 범위'에 대한 질문을 던지는 형식으

로 구성된다. 이 경우 질문의 순서는 고정되어 있다.

이해를 돕기 위해 한 가지 사례를 살펴보기로 한다. 한 독일계 자동차부품 회사가 생산지, 인력, 공장과 설비 등 다년간 쌓은 역량을 바탕으로 새로운 경쟁우위를 만들어내고 싶어한다. 이때 "설비 과잉을 어떻게 해결할 것인가?"와 같은 긴급 현안을 다음과 같이 개별 현안으로 나누거나 구분할 수 있다.

- 어떻게 하면 혁신적인 방법으로 작업시간을 좀 더 탄력적으로 운영할 수 있을까?
- 어떻게 하면 계절별로 유휴 상태에 있는 창고를 제3자에게 양도할 수 있을까?

그러나 이런 문제를 해결하기에 앞서 그 지역에서 해당 산업에 종사하는 모든 기업들이 이와 비슷한 방식으로 문제를 해결한다는 전제 조건이 필요하다. 사례로 든 독일계 자동차부품 회사는 위의 분석 틀을 활용해 다른 업종, 다른 국가, 가치사슬value chain(기업 활동에서 부가가치가 생성되는 과정. 마이클 포터Michael Porter가 경영 개념으로 처음 소개했다. 가치사슬 모델은 부가가치 창출에 직접 또는 간접적으로 관련된 일련의 활동, 기능, 프로세스의 연계를 의미한다—옮긴이)의 다른 고리들을 체계적으로 분석할 수 있다.

[그림 7]에서 제시한 여섯 가지 탐색 범위는 모든 기업들의 상황에 동일하게 적용된다. 여섯 가지 탐색 범위의 질문에 대한 답을 구하는 과정은 매우 복잡하지만, 다른 업종 또는 다른 지역의 사례를 파악함으로써 해법을 쉽게 모색할 수 있다. 그리고 모든 유형의 긴급 현안을 두고 다른 업종의 정보를 쉽게 표준화하고 체계화할 수 있다.

두말할 나위 없이 이러한 유형의 분석 틀은 고정된 형식이 따로 없으므로 상황에 맞게 적절히 변형해가며 활용할 수 있다. 경영 컨설턴트들도 이런 도구를 활용해 정보를 정리하고 보관해뒀다가 향후 의뢰인을 만날 때 이용한다. 앞에서 소개한 독일계 자동차부품 회사도 이런 분석 틀을 활용해 오스트레일리아의 구리광산 회사가 작업시간 운영 문제를 어떻게 해결하는지, 인도의 식품 회사들이 계절별로 유휴 상태에 있는 창고를 어떻게 활용하는지 학습하게 될 것이다.

2단계: 수집한 정보를 혁신적 접근법으로 결합한다

규칙을 파괴하는 두 번째 단계에서는, 하나 또는 여러 개의 분석 틀을 이용해 얻은 정보들을 창조적이고 전략적 접근법으로 통합한다([그림 8] 참고). 이 과정에서 형태학적 접근법, 점진적 추상화법(기본적인 문제 묘사에서 출발해 만족스런 정의를 얻어낼 때까지 점진적으로 더 높은 수준의 추상화를 통해 평가하는 방법—옮긴이), 관계도 분석 같은 체계적이고 논리적 접근법, 브레인스토밍, 635 브레인라이팅(6명이 집단 창의성 훈련에 참여해 제시된 문제를 해결하기 위한 3개의 제안을 5분 이내에 빠르게 적는 방법—옮긴이), 시네틱스synectics(어떤 사물과 현상을 관찰하여 다른 사상을 추측하거나 연상하는 방법—옮긴이) 등 모든 유형의 직관적이고 창조적인 접근법을 적용할 수 있다. 학자와 컨설턴트 등 외부 전문가들은 특정 정보를 선별해 기업의 문제를 해결하는 데 활용하면서 동시에 새로운 전략적 접근법을 도출할 수 있다. 이런 방식으로 도출하는 '파괴적 전략'은 분석하는 환경에 따라 달라진다. 따라서 기업을 둘러싼 환경을 면밀히 분석해야 한다.

3단계: 새로운 비즈니스 기회를 발견한다

규칙을 파괴하는 세 번째 단계에서는, 혁신적 접근법들을 현재의 비즈니스 체계와 조직 상황에 접목시켜 새로운 전략과 비즈니스 기회를 도출한다([그림 8] 참고). 이 단계에서 경영진은 혁신적 접근법들을 들여다보는 조직 내부의 시각을 갖출 필요가 있다. 다시 말해 '내부 창업가intrapreneurs'가 되어 기업의 문제를 해결하는 새로

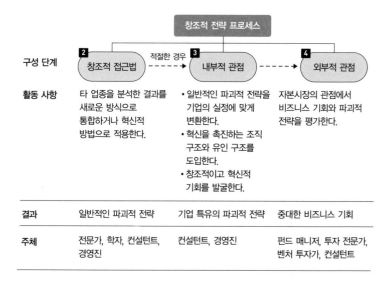

그림 8 창조적 전략을 도출하는 일반적인 분석 틀

창조적 전략 프로세스

구성 단계	**2** 창조적 접근법	적절한 경우 **3** 내부적 관점	**4** 외부적 관점
활동 사항	타 업종을 분석한 결과를 새로운 방식으로 통합하거나 혁신적 방법으로 적용한다.	• 일반적인 파괴적 전략을 기업의 실정에 맞게 변환한다. • 혁신을 촉진하는 조직 구조와 유인 구조를 도입한다. • 창조적이고 혁신적 기회를 발굴한다.	자본시장의 관점에서 비즈니스 기회와 파괴적 전략을 평가한다.
결과	일반적인 파괴적 전략	기업 특유의 파괴적 전략	중대한 비즈니스 기회
주체	전문가, 학자, 컨설턴트, 경영진	컨설턴트, 경영진	펀드 매니저, 투자 전문가, 벤처 투자가, 컨설턴트

운 모델을 이끌어내야 한다.

이처럼 조직 내부의 시각을 갖추고 새로운 비즈니스 기회를 포착하려면 가장 먼저 기업의 조직 구조와 인센티브 구조incentive structure를 적절히 혁신해야 한다. 이 과정이 성공적으로 마무리되면 기업은 혁신적 비즈니스 기회를 발견하게 된다. 이런 기회들은 다른 업종의 정보들을 통합 적용하지 않으면 얻을 수 없는 것들이다.

이와 같은 혁신적 접근법을 활용한 기업 중 하나인 베텔스만

Bertelsmann은 '인큐베이터' 개념을 제시한다. 베텔스만의 직원들은 내부 창업가가 되어 한정된 자원(시간과 자본)으로 비즈니스 모델을 개발한 뒤 조직에서 독립한다. 즉 베텔스만은 직원들에게 사내 벤처투자 기회를 제공해 그들이 소규모 기업 모델을 만든 뒤 독립하도록 장려한다.

4단계: 비즈니스 기회와 전략을 평가한다

규칙을 파괴하는 네 번째 단계에서는, 앞의 단계에서 포착한 비즈니스 기회와 파괴적 전략의 실효성을 검증한다(그림 8] 참고). 그러나 이때 회사 내부인은 평가를 내릴 수 없다. 대부분의 경영자들은 이미 조명되고 있는 비즈니스 기회를 적극 수용하려는 경향이 있으므로 편견에 빠질 우려가 있기 때문이다. 따라서 투자 전문가, 벤처 투자가, 펀드 매니저, 컨설턴트 등 숙련된 자본시장 전문가들에게 공정한 평가를 맡기는 것이 좋다. 이들 전문가는 유효한 정보를 자유자재로 활용하면서 다음과 같은 질문에 답을 구한다.

"이 회사(규칙을 파괴할 계획을 세운 회사)에 투자하거나 이 회사를 위해 일할 수 있는가?"

투자자들도 새로운 비즈니스 모델을 평가하면서 이런 질문을 던진다. 이 질문에 "그렇다"라는 답이 나오면 새로운 활동에서 야기되는 불확실성의 감소와 함께 필요한 자본과 관리 역량이 이미 고려되고 있다는 것을 의미한다.

오늘날 규칙을 파괴하는 기류는 모든 업종에서 새로운 성장 동력으로 작용하고 있다. 결국 규칙을 파괴하는 기업들만이 시장에서 경쟁우위를 확보하고 오랫동안 생존할 것이다. 그러나 규칙을 파괴한다고 반드시 성공을 장담할 수는 없다. 다만 여기서 소개한 접근법들을 활용함으로써 자원을 절약하고 규칙 파괴로 인한 위험의 정도를 줄일 수는 있다.

전략적 사고를 위한 도구

민츠버그는 여러 사례 연구를 통해 최고경영자가 조직을 구성하고 조정

하고 통제하는 동시에 전략까지 수립하는 전지전능한 기획자가 될 수 없다고 주

장한다. 최고경영자는 그럴 만한 시간이 없다. 최고경영자는 무엇보다도 먼저 올

바른 전략 결정을 위한 전체 그림을 그려야 한다.12) 그리고 전략 콘텐츠 연구

분야의 도구들을 활용해 전체 그림과 그 밑바탕이 되는 정보들을 분석하고 평가

해야 한다.

2장에서 소개하는 전략 결정의 핵심 도구들은 전략을 어디서부터 어떻게 세워야

하는지 쉽게 파악할 수 있게 해준다는 점에서 전략적 '준거 틀frame of reference' 이

라 부른다. 앞에서 설명한 전략 계획 접근법은 전략 프로세스 연구의 핵심이므로

이것에 대해서도 간단히 살펴보기로 하자.

전략 콘텐츠 연구 분야에서 미국 학자들은 대개 '실용적 관련성'을 찾는 데 집중

한다. 업무에 적합한 실행 위주의 도구를 찾고자 하는 것이다. 여기서 성과(결과)

가 전략의 실증적 측정치로 통하고, 기업 활동을 돌아봤을 때 우월한 수익을 가

져다준 활동이 적합한 전략으로 평가된다. 즉 특정 업종에서 경쟁사보다 높은 수

익을 달성하면 올바른 전략을 채택한 것으로 간주하게 된다. 이런 연구에서는 기

업의 과거 활동을 분석해 전략과 전략적 도구를 도출하는 모형을 채택한다.

이번 장에서는 일반적인 계획 수립 과정이 아닌 전략적 관점의 기술적 분석descri-

ptive analysis에 대해 설명하기로 하겠다.

시장, 경쟁자, 조직에 대한 큰 그림

정보가 넘쳐나고 시장이 하루가 다르게 변해가는 환경에서 '적절한' 전략을 세우는 일은 갈수록 어려워지고 있다. 앞에서 살펴본 바와 같이 전략 계획은 경영의 전 단계를 체계적으로 들여다보는 사고 프로세스다. 그러나 일단 채택한 전략의 잠재적 성공 범위는 전혀 예측할 수 없다. 전략 결정자가 전략의 성공을 어느 정도 확신할 수는 있지만 그렇다고 100퍼센트 성공을 담보하기는 어렵다. 따라서 전략 결정자가 먼저 다양한 관점에서 전략 도구들을 적용해봐야 한다. 그런 다음 기업을 둘러싼 제반 여건을 전반적으로 평가하고 전략 선택에 필요한 의사결정 도구를 활용한다면 전략의 모든 측면을 이해하게 될 것이다.

핵심 접근법들의 상호 관련성

[그림 9]는 전략 옵션strategic option을 고찰하기 위한 여러 가지 핵심 준거 틀과 그것들의 상호 관련성을 보여준다. 전략 실행자들은 최소한 이런 접근법들과 관련된 개념 및 제반 사항, 잠재 정보를 숙지하고 있어야 한다.

전략 수립의 모든 단계에서 필요한 기초 자료는 SWOT분석swot analysis(기업 환경의 분석을 통해 강점과 약점, 기회와 위협 요인을 규정하고 이를 토대로 전략을 수립하는 기법을 말한다. 기본적인 전략 수립 과정은 기업 내부의 강점과 약점을 기업 외부의 기회와 위협 요인에 대응시킴으로써 기업의 목표를 달성하는 것이다. 이때 사용되는 네 가지 요소의 머리글자를 따서 SWOT이라 한다-옮긴이)을 통해 얻는다.

SWOT분석을 정확하고 철저하게 수행하지 않으면 어떠한 준거 틀을 활용해도 효과가 없다. 기업 전략과 비즈니스 전략은 SWOT 분석을 통해 수집한 기초 자료를 바탕으로 심사한다. 두 전략 사안은 서로 다른 일곱 가지 도구를 통해 도출된 여러 관점에 따라 하위 항목으로 분류된다. 이들 접근법은 전략을 분석하고 계획하는 영역에 적용되며, 이를 통해 전략의 구성요소 전반을 살펴볼 수 있다.

그림 9 | 전략 옵션의 고찰을 위한 핵심 준거 틀

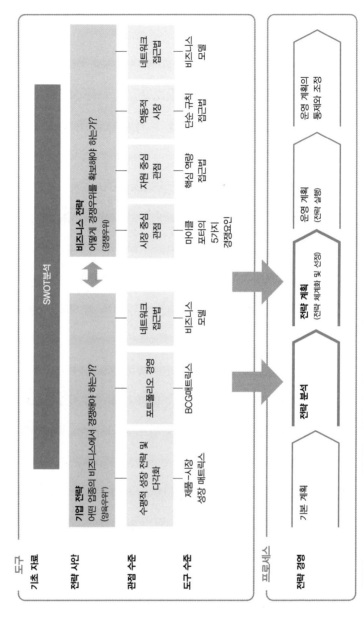

도구
기초 자료

전략 사안
기업 전략
어떤 업종의 비즈니스에서 경쟁해야 하는가?
(양육우위)

관점 수준

도구 수준

전략 경영

SWOT분석

비즈니스 전략
어떻게 경쟁우위를 확보해야 하는가?
(경쟁우위)

수평적 성장 전략 및 다각화

포트폴리오 경영

네트워크 접근법

시장 중심 관점

자원 중심 관점

역동적 시장

네트워크 접근법

제품-시장 성장 매트릭스

BCG매트릭스

비즈니스 모델

마이클 포터의 5가지 경쟁요인

핵심 역량 접근법

단순 규칙 접근법

비즈니스 모델

프로세스

전략 경영

기본 계획

전략 분석
(전략 체계화 및 선정)

전략 계획
(전략 체계화 및 선정)

운영 계획
(전략 실행)

운영 계획의 통제와 조정

* 양육우위: parenting advantage. 경쟁우위와 유사하지만 실무 사업이 아닌 본사의 활동을 구성한다는 점이 다르다—옮긴이

전략 수립의 기초 자료: SWOT분석

전략을 수립할 때는 언제나 필요한 정보들을 모두 수집하고 분석하는 일부터 시작해야 한다. 정보 수집은 해도 해도 끝이 없는 일이다. 인터넷과 수많은 관련 서적에서 찾는 정보들과 기업 내 홍보부서에서 제공하는 자료들, 그리고 막대한 내부 문서들을 들여다보면 어느새 방향을 잃고 정보를 수집하는 애초의 목적도 잊고 만다.

SWOT분석이 근간이 되는 준거 틀은 전략 연구의 기본 분석 틀이라 할 수 있다. SWOT분석은 1960년대에 하버드 대학 경영대학원[13]이 개발했으며, 민츠버그는 "SWOT는 전략 수립 프로세스를 형식화하는 가장 기초적인 모든 시도"라고 설명한다.[14]

SWOT분석에 따라 유효한 정보들은 강점strength, 약점weakness, 기회opportunities, 위협threats이라는 네 영역으로 분류한다. 그리고 이 영역에 따라 기술적 및 경제적 환경에 대한 기회와 위협, 기업의 강점과 약점에 대한 분석과 전략이 도출된다.[15] 기업 내부 환경을 분석해 강점과 약점을, 기업 외부의 관련 시장을 분석해 기회와 위협 요인을 도출하는 것이다.

따라서 전략 실행자는 가장 먼저 수집한 정보를 이들 네 영역으로 분류해야 한다. 이러한 예비 작업을 통해 도출해낸 여러 도구들은 이후에 좀 더 심도 있는 분석과 해석을 가능하게 해준다.

하지만 분석 결과들이 지극히 서술적이고, 분석만으로 대안을 찾거나 우선순위를 정할 수 없다는 점에서 SWOT분석은 매우 개념적이라는 점에 유념해야 한다.[16] 그렇다고 이 점에 지나치게 신경 쓸 필요는 없다. SWOT분석을 통해 기업 내부와 외부 환경의 큰 그림을 그려보는 것이 더 중요하기 때문이다.

[그림 10]은 SWOT분석의 핵심을 보여준다. 그림을 보면 하이엔드high-end(고가 전략의 제품) 제품을 만드는 회사가 거대한 수요에 직면해 있음을 알 수 있다. 그런데 이 회사는 운영상에서 발생한 생산 능력의 효율성 저하 문제로 거대한 수요에도 곤경에 처해 있다. 또한 시장에 진출한 새로운 경쟁자들이 공급 과잉을 초래해 판매량과 가격 압박을 받고 있다.

이런 상황도 SWOT분석을 통해 네 영역으로 분류할 수 있다. 다만 여기서도 큰 그림은 그릴 수 있지만 의사결정은 내릴 수 없다. 회사가 공급 과잉의 위험을 감수하면서 생산 능력을 확대하거나 고객들이 다른 공급자들을 선택하는 위험을 감수하면서 생산 능력을 축소하는 결정은 부가적인 도구들을 이용해 내릴 수 있다. 무수한 정보의 조각들을 개념 수준에서 구조화하는 것은 비록 전략 수립을 위한 첫 단계에 불과하지만 복잡한 상황을 대략적으로 이해

그림 10 SWOT분석

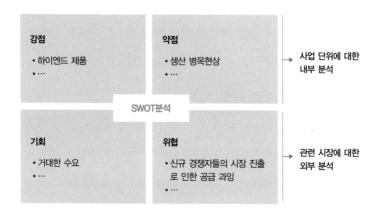

하고 기술하는 데 있어 매우 중요한 과정이다.

SWOT분석을 실행할 때는 다음의 네 가지 사항에 유의할 필요가 있다.

첫째, 분석 결과는 꼼꼼하게 서술해야 한다. 수집한 정보들을 몇 가지 핵심 사항으로 요약한 뒤 섣부르게 결론을 내기보다는 '관점 수준의 도구'를 이용해 상세하게 분석하고 평가해야 한다.

둘째, 간혹 핵심이 명확하게 파악되지 않는 경우도 있다. 예컨대 미국 가정의 30퍼센트가 초고속 인터넷을 사용하고 있다는 것은 기회(시장 잠재력이 높은 경우)가 될 수도 있고 위협(시장이 포화 상태인 경우)이 될 수도 있다. 따라서 SWOT분석을 하는 동안에는 핵심 사항을 해석하기보다는 기회와 위협이 되는 요소를 분류해야 한다.

셋째, 관련 시장에 대한 외부 분석을 위한 정보를 철저히 검토한다. 대다수의 기업들은 기업 내부의 관점에 치우친 나머지 사업 단위에 대한 분석 수준에 그치는 경우가 많다. 내부 분석 자료들이 지나치게 많고 직원들의 의견 위주로 분석을 진행하기 때문이다. 그러나 인터넷 이외에 다른 경로를 활용하면 시장 정보를 제대로 수집할 수 있다. 이때 담당 직원들이 경쟁사나 협회 또는 연구기관을 통해 정보(공공 영역에 없는 정보)를 얻는 활동을 기피하는 경우가 많은데, 이런 정보를 얼마나 많이 수집하느냐에 따라 외부 분석의 질이 달라진다.

넷째, 내부 분석과 외부 분석을 명확히 구분해야 한다. 전략을 실행할 때 약점은 곧 기회가 되므로 내부와 외부의 상황이 조화를 이룬다는 개념에 스스로 도취되는 경우가 많다.[17] 하지만 이런 오류를 범해서는 안 되며 외부적인 것은 순전히 시장의 관점에서 바라봐야 한다.

어떤 업종에서
경쟁할 것인가

기업 전략corporate strategy은 사업 전략enterprise strategy이라고도 하며, "어떤 업종의 비즈니스에서 경쟁해야 하는가?"라는 전략적 질문에서 나온다. 이는 어떤 사업을 운영할지 전사적 차원에서 전략을 검토하고 결정해야 한다는 것을 의미한다.

가까운 사례로 GE나 지멘스Siemens 같은 대기업들을 보면, 발전소 준공부터 가전제품 제조에 이르기까지 한 지붕 아래에서 다양한 범주의 사업을 벌이고 있다. 이런 대기업들은 모회사 아래 여러 개의 자회사를 두고 다양한 사업을 벌인다. 이때 모회사는 재정적 정당성을 확보하기 위해 자회사들에게 '양육우위parenting advantage'를 제공해야 한다.

양육우위란 공통의 엄브렐러 브랜드umbrella brand(하나의 브랜드 아래 다양한 제품을 제조하고 판매하는 브랜드-옮긴이), 경영 구조, 통합된 시스템, 가치 지향의 포트폴리오 경영, 범위의 경제economy of scope(한 기업이 여러 제품을 함께 생산하는 경우 개별 기업이 한 종류의 제품을 독점적으로 생산할 때보다 생산비용이 더 적게 드는 현상-옮긴이) 등에서 비롯되는 혜택을 의미한다.

모회사가 이런 이익을 제공하지 못할 때 모회사의 역할은 논란의 대상이 될 수밖에 없다. 이런 모회사는 금융지주회사financial holding company(독자적 사업을 하지 않으면서 자회사 지분 소유만을 목적으로 하는 회사-옮긴이)로 해석되기도 한다. 상장했거나 상장할 수 있는 자회사들이 대규모 독립 법인인 경우 모회사는 해체될 수 있다. 따라서 모회사가 하위의 개별 독립 법인들보다 가치가 떨어지면 양육우위를 제공할 수 없다.

수평적 성장 전략: 앤소프의 제품-시장 성장 매트릭스

미국의 경영학자인 이고르 앤소프Igor Ansoff는 1957년에 기업의 전략적 의사결정에 관한 새로운 분석 모델을 담은 저서 《기업 전략 Corporate Stragegy》을 펴냈다.[18] 앤소프는 이 책에서 수평적 방향에서 기업의 성장 전략을 비교하고 다각화의 가능성을 고려하며 미래의 기업 전략을 검토하는 새로운 접근법을 소개했다.

앤소프의 생각은 기업이 경쟁 속에서 자신의 지위를 향상시키려면 빠르게 성장해야 한다는 사실에서 출발했다. 여기에 기존 사업에는 언제나 불확실성이 존재하므로 성장 관점에서 위험을 분산시키는 것을 고려해야 한다는 가정을 추가했다. 예컨대 시장은 계절의 영향을 받기도 한다.

앤소프는 이런 가정을 바탕으로 실증적 자료를 활용해 그 유명한 '제품–시장 성장 매트릭스The product-market growth matrix'를 개발했

그림 11 **제품–시장 성장 매트릭스**

	기존 제품	신제품
기존 시장	**시장 침투** 시장 개발 강화, 제품 재출시 모방, 비용·가격 절감, 개별적인 가격 책정 (시장 주도자)	**제품 개발** 신제품 및 제품군, 신규 서비스, 문제 및 시스템 솔루션 (가치사슬 확대)
신규 시장	**시장 개척** 시장, 신규 고객층, 새로운 유통 채널, 제품의 새로운 용도 개발 (규모의 경제 실현)	**다각화** 신규 시장을 위한 신제품 – 수직적 – 수평적 – 횡적 (기간사업 추가 도입, 위험 분산)

다. 이 접근법은 "어떤 시장에 어떤 제품을 공급해야 하는가?"라는 질문을 기반으로 기업의 수평적 성장을 위한 네 가지 전략으로 구성된다. 이 모델은 이런 방식으로 '비즈니스 유형'을 구체화하기 위해 기존 시장과 신규 시장, 기존 제품과 신제품을 구분한다.

앤소프 매트릭스는 '시장 침투', '시장 개척', '제품 개발', '다각화'라는 주요한 수평적 성장 전략으로 구성된다.

매트릭스의 왼쪽 상단은 현재의 제품과 시장점유율을 기초로 한 성장 방향을 나타낸다. 여기서는 성장 옵션들을 평가하고 잠정적 기업 전략을 세우기 위해 SWOT분석 결과를 모두 동원한다. 예컨 대 다른 시장에 기회가 전혀 없고 제품에 대한 사내 기술력이 제한되어 있다면 '시장 침투' 전략을 실행해야 한다. 이 전략에는 사업을 확대하는 활동이 수반되지 않는다. 그 대신 기업은 현상 유지에 치중하면서 제품을 재출시하고 가격을 인하해 시장을 선점한다.

반면에 기존 제품의 시장 기회가 좋다면 '시장 개척' 전략을 실행해야 한다. 이 전략을 실행하면 신규 고객층이 유입되어 기존 시장이 지리적으로 확대될 수 있다. 해외 지사를 설립하거나 다른 기업을 인수해 새로운 시장을 개척하고 기존 제품을 공급할 수 있는 것이다. 이를 통해 기업은 시장을 확대하고 신규 고객층을 확보할 수 있으며 결과적으로 고정비용을 줄임으로써 규모의 경제economy of scale를 실현할 수 있다.

시장 기회가 좋지 않지만 제품에 대한 사내 기술력을 향상시킬 수 있다면 '제품 개발' 전략을 수립해야 한다. 기존 고객이나 시장에 새로운 브랜드 제품 및 제품군을 제공하거나 기존 제품 및 제품군에 대한 시스템 솔루션을 개발하는 전략이다. 이 전략을 활용하면 상방 통합이나 하방 통합을 통해 가치사슬을 확대해 성장을 이룰 수 있다.

SWOT분석을 실행한 결과, 기존 사업이 심각한 위협에 직면해 있다면(예컨대 계절적 변동이나 주기적 변동), 사업 다각화가 적절한 성장 전략이 될 것이다. 다각화 전략은 기존의 영역에서 벗어나 사업 분야를 확장해 전사적 차원에서 위험을 분산함으로써 기존 시장에 내재된 위협을 상쇄하는 것을 목표로 한다. 이 전략은 기존의 기술력에서 완전히 탈피한 새로운 제품을 개발해 새로운 시장에 공급하는 횡적 다각화lateral diversification[19]를 시도한다. 대표적으로 GE가 이 전략을 활용하고 있다. GE의 냉장고와 발전소 사업은 모기업이 같다는 점 이외에는 제품과 시장 측면에서 어떠한 공통점도 발견할 수 없다.

분명한 사실은 현상 유지에서 벗어나는 전략을 펼칠수록 기존 사업에서 유발되는 상승효과가 떨어진다는 점이다. 횡적 다각화를 이룰 경우 사업 간의 상승효과가 발생하지 않기 때문에 상당한 위험이 따른다. 하지만 한편으로 횡적 다각화야말로 위험을 분산하는 가장 좋은 방법이다.

이런 측면에서 대기업들은 자회사들 사이에 상호 지원이 원활하게 이뤄질 수 있도록 자회사 관리에 각별히 유의해야 한다. 좋은 사례로 GE는 시장에서 주도적 위치를 차지하는 자회사는 포트폴리오로 유지하고 그렇지 않은 자회사는 매각한다. 이런 시장 리더십 전략에 따라 자회사들을 관리함으로써 GE는 세계에서 가장 가치 있는 5대 기업으로 부상했고 지금까지 그 자리를 유지하고 있다.[20]

포트폴리오 경영: BCG매트릭스

포트폴리오 분석은 앤소프의 제품-시장 성장 매트릭스의 결과를 보완하면서 기존 포트폴리오를 효과적으로 평가하고 관리하는 데 시사점을 주는 접근법이다. 우리는 포트폴리오 분석을 통해 기업의 전략적 사업 부문과 자회사의 모든 요소를 고려하고 다방면에서 평가한 뒤 자원을 할당하고 기업 전략을 마련한다. 따라서 앤소프의 제품-시장 성장 매트릭스와 더불어 포트폴리오 분석을 적절히 활용하면 기업 전략의 토대를 마련할 수 있다.

포트폴리오 분석은 미국의 경제학자인 해리 마코위츠Harry Markowitz
가 1952년에 전개한 현대 투자이론의 기본을 이루는 '포트폴리오
이론'에서 유래했다. 주식투자 포트폴리오가 최적의 수익 달성을
목표로 하듯 포트폴리오 분석은 경영에서 위험을 최대한 줄이고
수익을 높이며, 이를 위한 전략적 사업 부문을 운영하거나 설립하
는 것을 목표로 한다. 이러한 프로세스에 따라 모회사는 마치 주주
들이 하는 것처럼 포트폴리오의 수익과 위험을 평가하고 분석해
중장기적으로 개별 사업 부문과 자회사에 투자한다.

포트폴리오 분석 결과는 강점과 약점, 기회와 위협 요소로 구성
되며 매트릭스 형태로 표시된다. 이를테면 SWOT분석으로 얻은
결과들을 곧바로 포트폴리오 매트릭스에 표시한다. 대부분 매트릭
스에 시장(그리고 경쟁자)의 강점을 나타내는 요인과 시장의 매력도
를 나타내는 요인을 함께 기재해 네 가지 본원적 전략(또는 그 이상
의 전략)을 도출한다.

전략적 포트폴리오 매트릭스는 두 개의 축을 기준으로 상대적
시장점유율을 나타내는 내부 척도와 시장성장률을 나타내는 외부
척도로 구분하고 독립된 변수로 매트릭스를 채운다. 이때 둘 다 내
부적이거나 외부적인 변수, 즉 상호 종속적인 변수들로 매트릭스

가 구성되면 변수들 간의 상호 의존성은 자동으로 떨어진다. 포트폴리오 매트릭스가 제 기능을 못하면서 전략적 중요성이 급격히 떨어지는 것이다.

1960년대 말에 브루스 핸더슨Bruce Henderson이 창안한 BCG매트릭스(보스턴컨설팅그룹Boston Consulting Group이 개발한 BCG매트릭스는 전략적 강점과 약점을 분석하기 위한 요인으로 성장률과 점유율이라는 두 개의 축을 이용한다. 이 기법은 기업의 사업 또는 제품을 두 가지 분석 요인에 따라 분류하고 적절한 자원 배분을 위한 대응전략을 취할 수 있도록 해준다─옮긴이)[21]는 전략적 관련성이 깊은 세 가지 이론적 원리를 바탕으로 한다(BCG매트릭스를 활용하는 사람들이 이 원리를 안다는 것을 전제로 한다).[22]

BCG매트릭스의 첫 번째 이론적 원리는 핸더슨이 실증 연구의 차원에서 발견한 경험곡선experience curve 법칙이다. 경험곡선 법칙은 반복적인 작업에 소요되는 비용은 누적 생산량이 두 배가 될 때마다 줄어든다는 개념이다. 핸더슨은 미국 반도체 산업을 연구하는 과정에서 이 원리를 발견했다. 경험곡선 법칙에 따르면 시장점유율이 두 배가 될 때 관련 비용은 20퍼센트 이상 떨어진다. 관련 시장점유율은 자사의 점유율과 최대 경쟁자의 점유율을 바탕으로 계산한다. 시장점유율의 증가는 누적 생산량이 급격히 증가함에 따라 사업 운영상에서 학습효과가 발생하고 이로 인해 비용이 절감되는 것을 의미한다.

핸더슨이 창안한 경험곡선 법칙은 다양한 업종을 대상으로 한 많은 연구에 인용되면서 보편적인 경제법칙으로 자리잡았다.[23] 그의 이론은 BCG매트릭스의 첫 번째 이론적 토대가 되었다. BCG 매트릭스에서 시장점유율은 기업의 시장지배력, 즉 내부 분석에 따라 도출된 기업의 강점과 약점에 해당한다. 이때 매트릭스에서 기업의 포지션이 좋을수록 비용과 마진 혜택이 증가하고 시장지배력도 커진다.

두 번째 원리는 4단계 수명주기 이론이다. 신흥 시장이 급격히 성장하려면 연구개발, 생산 능력, 브랜딩, 인적자원 등에 상당한 투자가 요구되지만, 성숙된 시장은 성장 속도가 더디고 사업 유지를 위한 투자가 크게 요구되지 않는다. BCG매트릭스에서 시장의 성장은 해당 시장의 매력도를 반영하며 외부 환경의 기회와 위협을 나타낸다. 이 원리에 따르면 이론상으로 신흥 시장은 성숙 시장보다 훨씬 매력적이지만 상당한 투자가 요구되며 위험이 뒤따른다.

세 번째 원리는 포트폴리오의 목표 기준 중 하나인 자유현금흐름(free cash flow; FCF) 이론이다. 기업 운영에 필수적인 자유현금흐름은 수익은 아니지만 가용 가능한 유동자산으로서 최적화해야

그림 12 **BCG매트릭스**

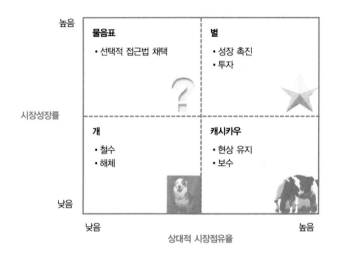

한다. 자유현금흐름은 기업의 현금흐름 가운데 투자, 배당, 이자 지급 등을 위한 몫을 제외하고 남은 현금흐름을 말한다.[24] 이런 유동성은 이익배당금의 형태로 분배하거나 사업 다각화와 기업 인수 등을 위해 사용할 수 있다. BCG매트릭스에서 자유현금흐름은 상대적 시장점유율(현금 유동성 결정)과 시장성장률(유지비용 결정)을 고려해서 계산한다.

다각화된 기업은 BCG매트릭스를 이용해 사업 포트폴리오를 면밀히 분석하고 생산성이 높은 사업 영역을 대상으로 투자 계획을 세울 수 있다.

'캐시카우Cash Caw' 사업은 성숙기에 진입한 시장으로 상대적 시장점유율은 높은 반면 시장성장률은 낮다. 여러 가지 투자가 완료되어 현금 유출이 적으며, 시장점유율과 매출이 상승해 현금 유입은 크다. 기업은 현금흐름을 확대하기 위해 유지 및 보수 차원에서 투자하면서 사업 단위의 인지도를 유지해야 한다.

'별Star' 사업은 상대적 시장점유율뿐 아니라 시장성장률도 높다. 매출이 크게 늘어나지만 시장이 성장기에 접어들어 현금흐름을 크게 확대하지 못한다. 기업은 별 사업이 캐시카우 사업으로 성장할 수 있도록 지속적인 투자를 해야 한다.

'물음표Question Mark' 사업은 시장성장률이 높은 반면 상대적 시장점유율은 낮다. 빠르게 성장하는 시장에 보조를 맞추고 선도기업을 따라잡기 위해 공장, 설비, 인력 등에 대한 많은 투자가 필요하다. 기업은 향후 전망성을 따져보고 사업 단위에 자금을 계속 투자할 것인지 또는 철수할 것인지를 결정해야 한다. '물음표'라는 단어가 사용된 것도 이 때문이다. 어떤 경우이든 물음표 사업에서는 자금 지출이 발생하면 신속히 전략을 수립하고 실천해야 한다.

'개Dogs' 사업은 성숙 시장으로 성장성과 수익성이 낮다. 사업 단위에서 현금 창출이 거의 없기 때문에 모회사나 그룹 수준에서 경영 자원을 묶어둬야 한다. 주로 사업 단위를 매각하거나 폐쇄한다.

기업은 균형 잡힌 포트폴리오를 구성하기 위해 '평점법scoring model'이나 '직접측정법direct measurement model을 이용해 사업 단위의 수준을 평가해야 한다. 사업 포트폴리오는 가로축과 세로축의 두 축을 기준으로 높고 낮음을 점으로 표시하며, 모든 사업 단위를 평가한 후에는 기업 전반의 포트폴리오를 평가하고 재구축해야 한다. 여러 개의 캐시카우 사업과 강력한 별 사업, 잠재성 있는 물음표 사업을 갖추고 전반적인 현금흐름이 좋으면 기업 포트폴리오의 균형이 잡힌다. 캐시카우 사업을 통해 유입되는 현금은 별 사업과 물음표 사업을 육성하는 데 투자할 수 있다. 그 외의 자유현금흐름은 특정한 사업 영역을 더욱 활성화하거나 잠재성이 높은 다른 사업(대개 물음표 사업)을 구축하는 데 활용할 수 있다.

균형 잡힌 포트폴리오의 구성이 중요한 이유는 각 사업의 수명주기가 다르기 때문이다. 캐시카우 사업은 시간이 지남에 따라 쇠퇴하는 경향이 있고, 별 사업은 수명주기를 거치면서 캐시카우 사업이 된다. 그리고 잠재성 있는 물음표 사업은 별 사업으로 성장한다. 캐시카우 사업만 운영하는 기업은 현금 유입은 많지만 미래를 담보하는 전략을 갖추지 못하기 때문에 물음표와 별 사업을 구축하거나 인수해 균형 잡힌 포트폴리오를 구성해야 한다. 개 사업은 균형 잡힌 포트폴리오를 구성할 여지가 없다. 직접적인 자금 유출이 없다 해도 경영 능력과 모기업의 이미지를 떨어뜨릴 수 있다.

포트폴리오 분석을 통해 우리는 기업의 현재 상황을 평가하고 전략을 세울 수 있다. 별 사업이 부족해 포트폴리오의 균형이 깨졌다면 앤소프의 제품-시장 성장 매트릭스의 분석 결과와 통합해 기업 전략을 수립해도 된다. "우리는 어떤 업종의 비즈니스에서 경쟁해야 하는가?"라는 질문에 대한 답을 찾고, 수평적 전략을 실천해 잠재성 있는 물음표 사업이나 별 사업을 육성한다면 기업 포트폴리오의 균형을 유지할 수 있다.

어떻게 경쟁우위를
확보할 것인가

비즈니스 전략business strategies은 "어떻게 경쟁우위를 확보해야 하는 가?"라는 질문을 바탕으로 각각의 전략적 사업 부문에서 경쟁우위를 확보하는 것을 목표로 한다.

기업은 한편으로 시장을 예의주시하며 핵심 경쟁우위를 확보해야 하는데, 이를 위해 시장 중심의 관점(market based view; MBV)을 견지해야 한다. 또한 SWOT분석 결과를 바탕으로 시장의 기회와 위협 요소를 파악해야 한다. 다시 말해 시장에서 차지하고 있는 위치나 경쟁 환경이 성공의 핵심 요인(포지셔닝 전략25))이라 보는 '외부에서 내부로 향하는 접근법outside-in perspective'을 취하는 것이다. 이 접근법은 고객, 시장, 산업에 초점을 맞추고 있다. "사업에서 성공하기 위해 무엇을 제공해야 하는가? 이를 실현하기 위해 어떤 경쟁우위를 확보해야 하는가?"라는 질문에 대한 답을 구하는 과정이다. 이런 관점에서 보면 기업의 기존 경쟁력은 전략을 결정하는 요인이 아니다.

다른 한편으로 기업은 핵심 경쟁우위를 확보하는 활동의 일환으로 내부 자원을 고찰해야 한다. 자원 중심의 관점(resource based view; RBV)이라 불리는 이 접근법은 SWOT분석 결과를 토대로 기업의 강점과 약점만을 평가하는 방식이다. 이처럼 '내부에서 외부로 향하는 접근법inside-out perspective은 조직의 내적 역량을 바탕으로 최대 수익을 얻을 수 있는 시장을 찾는 데 초점을 맞추고 있다. 즉 "우리는 어떤 경쟁우위를 확보하고 있는가?"라는 질문에 핵심이 포함되어 있다. 여기서는 기업 외부의 기회는 고려하지 않으며 '확장과 활용의 전략'이란 개념에서, 즉 혁신적으로 자원을 활용함으로써 달성 가능한 목표를 세운다.26)

이제 마이클 포터의 SCP패러다임(structure-conduct-performance paradigm, 구조-행동-성과 패러다임)과 다섯 가지 경쟁요인과 관련된 시장 중심의 관점을 살펴보자. 핵심 역량 접근법core competency approach을 바탕으로 자원 중심의 관점을 살펴보는 시간은 그 다음으로 미룬다.

시장 중심의 관점: SCP패러다임과 5가지 경쟁요인

시장 중심의 관점은 산업경제학(또는 산업조직론)의 SCP패러다임을 기반으로 한다.[27] SCP패러다임은 업계와 업계 구조가 시장 경쟁자들의 행동과 시장의 잠재성을 결정한다는 이론이다[그림 13] 참고). 이 이론에 따르면 업계 구조에 따라 기업의 행동 유형이 달라진다. 소수 기업이 업계를 지배하는 시장 구조에서는 기업들이 시장을 지배하는 행동으로 높은 수익을 얻는 반면에, 소규모 판매자와 구매자가 많은 시장 구조에서는 경쟁이 매우 치열해 기업들의 수익이 낮아진다. 물론 높은 수익률로 인해 신규 시장 진입자들이 늘어나고 그에 따라 시장 구조와 기업 행동이 변화하는 순환적 과정들이 존재한다.

이처럼 SCP패러다임은 '구조-행동-성과'라는 기본 개념을 바탕으로 한다. 1990년대 초에 철강산업은 높은 생산 역량에 비해 수요가 낮아 수익성이 떨어졌다. 인도와 중국에서는 '수요 충격demand shock(민간 소비 또는 투자의 행태가 갑자기 변하거나 경제정책의 예기치 않은 변화로 총수요가 크게 변동하는 현상—옮긴이)'이 일어나자 비로소 수익 상승이 실현되는 수준까지 시장 구조가 바뀌었다. 마찬가지로 다국적 석유 기업들은 수십 년 동안 독과점으로 엄청난 수익을 창출하고 있다. 이들 독과점 기업은 막대한 초기 투자로 신규 경쟁자의

그림 13 산업경제학의 SCP패러다임[28]

기본 여건	시장 구조	행동	성과

공급
• 가격 탄력성 및
  교차 탄력성
• 원자재
• 기술
• 제품 내구성
• 가치 및 중량
• 비즈니스 태도
• 노동조합
• 입지
 	
수요
• 가격 탄력성
• 성장률
• 대체재 및 교차
  탄력성
• 마케팅 유형
• 구매 방법 및
  계절 특성
• 입지
	• 산업 성숙도
	• 정부 참여
	• 제품 차별화
	• 판매자와 구매자의
	  수 및 규모의 분포
	• 진입장벽
	• 비용 구조
	• 수직적 통합
	• 다각화
	• 규모의 경제
		• 공모
		• 가격 전략
		• 제품 전략
		• 변화에 대한
		  반응성
		• 연구 및 혁신
		• 광고
		• 법적 전술
			• 생산
			• 생산성 증대
			• 기술 진보
			• 고용
			• 자원 배분의
			  효율성
			• 자기자본

시장 진입을 거뜬히 차단할 수 있었다. 따라서 시장 중심의 관점에서는 개별 기업들이 시장을 주시하며 수익성이 탁월한 비즈니스 기회를 포착해야 한다.

포터는 SCP패러다임을 토대로 '다섯 가지 경쟁요인'을 따져서 구조적으로 전략을 선정하는 프로세스를 소개했다. 이 프로세스를 따르면 시장의 기회와 위협의 맥락에서 실천 가능한 포지셔닝 옵

션과 전략을 도출할 수 있다.

포터는 경쟁 강도를 기준으로 삼고 시장 환경을 형성하는 다섯 가지 기본 경쟁요인을 분석에 적용했다.[29] 앞에서 언급한 업종에서는 경쟁 강도가 치열할수록 수익성이 떨어지며 반대의 경우도 있다. 포터가 말한 다섯 가지 경쟁요인은 다음과 같다.

• 기존 경쟁사 간 적대관계의 강도
• 공급자의 교섭력
• 구매자의 교섭력
• 신규 진입자의 위협
• 대체재의 위협

이 다섯 가지 경쟁요인을 바탕으로 가치사슬과 외부 환경(또는 잠재 시장)을 완전히 구조화하고 분석할 수 있다. [그림 14][30]에서 포터의 다섯 가지 경쟁요인 모델과 경쟁 강도를 분석하고 평가하기 위한 결정요인 및 기준을 살펴보자.

SWOT분석으로 도출한 외부의 기회와 위협에 대한 기술적 결과 descriptive results를 포터의 다섯 가지 경쟁요인 모델에 적용해 경쟁의 강도를 평가한다. 아울러 '~할수록 ~한다'는 표현 방식을 활용해

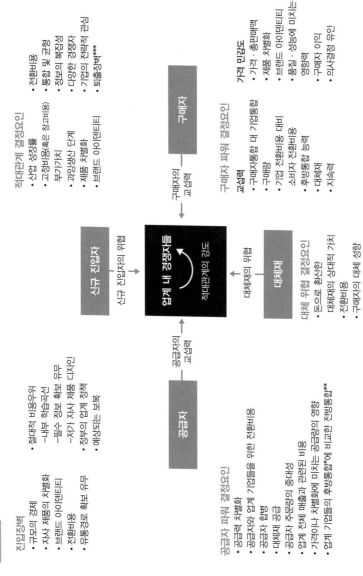

그림 14 마이클 포터의 5가지 경쟁요인 모델

진입장벽
- 규모의 경제
- 자사 제품의 차별화
- 브랜드 아이덴티티
- 전환비용
- 유통경로 확보 유무

- 절대적 비용우위
  - 내부 학습곡선
  - 필수 정보 확보 유무
  - 자가 자사 제품 디자인
- 정부의 업계 정책
- 예상되는 보복

공급자 파워 결정요인
- 공급력 차별화
- 공급자와 업계 기업들을 위한 전환비용
- 공급자 점별
- 대체재 공급
- 공급자 주문량의 중대성
- 업계 전체 매출과 관련된 비용
- 가격이나 차별화에 미치는 공급량의 영향
- 업계 기업들의 후방통합*에 비교한 전방통합**

공급자
공급자의 교섭력

신규 진입자
신규 진입자의 위협

업계 내 경쟁자들
적대관계의 강도

구매자
구매자의 교섭력

대체재
대체재의 위협

대체 위협 결정요인
- 돈으로 환산한 대체재의 상대적 가치
- 전환비용
- 구매자의 대체 성향

적대관계 결정요인
- 산업 성장률
- 고정비용(혹은 창고비용) 부가가치
- 과잉생산 단계
- 제품 차별화
- 브랜드 아이덴티티

- 전환비용
- 통합 및 균형
- 정보의 복잡성
- 다양한 경쟁자
- 기업의 전략적 관심
- 퇴출장벽***

구매자 파워 결정요인

교섭력
- 구매자통합 대 기업통합
- 구매량
- 기업 전환비용 대비 소비자 전환비용
- 후방통합 능력
- 대체재
- 지속력

가격 민감도
- 가격·총매출에서
- 제품 차별화
- 브랜드 아이덴티티
- 품질·성능에 미치는 영향력
- 구매자 이익
- 의사결정 유인

---

*후방통합 : backward integration, 기업 원료를 공급하는 기업이 생산 판매하는 기업을 합병하거나 자사 계열 아래 두는 경우―옮긴이
**전방통합 : forward integration, 기업 어떤 기업이 원료를 공급하는 기업을 합병하거나 자사 계열 아래 두는 경우―옮긴이
***퇴출장벽 : exit barriers, 낮은 수익이나 투자 손실이 예상됨에도 사업을 접지 못하게 하는 경제적, 전략적, 정서적 요인―옮긴이

2장 전략적 사고를 위한 도구 ••• **71**

서로 관련된 사항을 배치함으로써 각각의 결정요인이나 기준을 검토하고 질적 평가를 실시한다. 예를 들면 다음과 같이 표현해본다.

- 산업 성장률이 높아질수록 경쟁과 경쟁 강도가 낮아진다.
- 자본 요건 수준이 낮을수록 시장 진입 기회와 경쟁 강도가 높아진다.
- 공급자 집중 수준이 높을수록 공급업체의 종속성과 경쟁 강도가 높아진다.
- 고객 수가 적을수록 고객 의존성과 경쟁 강도가 낮아진다.
- 전환비용-switching cost(소비자가 기존에 사용하던 재화를 다른 재화로 교체할 때 시장에 발생하는 비용—옮긴이)이 높을수록 대체재의 위협과 경쟁 강도가 낮아진다.

포터의 다섯 가지 경쟁요인 모델을 토대로 가능한 한 많은 결정요인을 분석하고 평가한다. 이때 SWOT분석 결과가 포괄적인 형식에 맞지 않아 몇 가지 기준을 활용하지 못할 수도 있다. 이와 같은 평가 과정을 거치면서 특히 어떤 영역과 경쟁요인이 경쟁에 영향을 미치는지, 전반적인 업계 수익성이 어느 정도나 되는지 알게된다.

이런 잠재성을 기반으로 업계에 남아 있거나 새로 진출하려면 개별 결정요인들을 활용해 관련 업계에서 요구되는 경쟁우위를 밝혀야 한다. 포터는 이를 '경쟁 전략'이라 말하고 두 가지 대안을 제시한다. 하나는 방어적 대안으로, 필수 경쟁우위를 확보해 기존 시장에서 입지를 다지고 경쟁요인에 대항해 적절히 스스로를 방어하라고 말한다. 다른 하나는 공격적 대안으로, 기존 시장에서 경쟁요인의 균형에 영향을 미치거나 경쟁 원리의 변화를 이용함으로써 새로운 경쟁우위를 확보하고 업계에서 입지를 다지라고 말한다.

포터는 이 두 가지 대안을 위한 세 가지 근원적 전략 유형을 예로 들면서 기업이 다섯 가지 경쟁요인을 명확하게 분석해 경쟁 전략을 실행하는 방법을 설명한다. 포터의 전략에 따르면 기업들은 비용우위cost leadership나 차별화differentiation를 확보하고 시장의 틈새에 집중하면서 입지를 구축하기 위해 애써야 한다. 하지만 비용우위와 차별화 사이에 걸치는 전략은 어중간한 상태에 놓이고 장기적으로 성공하지 못할 수도 있다.

자원 중심의 관점: 핵심 역량 접근법

포터가 업계 구조를 결정하는 다섯 가지 경쟁요인을 제시하고 10년
이 지난 후, 이전과는 반대로 자원 중심의 관점에서 접근하는 '핵
심 역량 접근법'이 소개되었다.[31] 이 접근법은 기업의 강점과 약점
을 분석하고 경쟁우위를 구성하는 몇 가지 핵심 역량을 밝히는 방
식이다(1990년에 런던비즈니스스쿨의 게리 해멀Gary Hamel 교수와 미시간 대
학 비즈니스스쿨의 C.K. 프라할라드C.K. Prahalad 교수에 의해 발표된 이론이다.
핵심 역량이란 보다 우수한 수준으로 고객에게 만족을 제공할 수 있는 기업의
힘으로, 기업에게 경쟁우위를 가져다주며 신규 사업 진출의 원동력이 된다 -
옮긴이).

여기서 말하는 핵심 역량은 조직 구성원이 보유하고 있는 총체
적인 기술, 지식, 자원 등 기업의 핵심을 이루는 능력을 말한다. 기
업은 이런 핵심 역량을 토대로 시장에서 높은 수익을 확보할 수 있
는 기회를 엿봐야 한다. 핵심 역량은 다음의 몇 가지 요건을 갖춰
야 한다.

- 가치가 있어야 한다. 희소화되고 대체될 수 없어야 한다.
- 서로 다르고 고정되어 있어야 한다. 차별화되고 양도될 수 없
  어야 한다.

• 기업이 쉽게 활용할 수 있어야 한다. 기업이 사용을 거부할 수 없어야 한다.

• 모방할 수 없어야 한다. 독특해야 한다.

핵심 역량 접근법은 1990년대부터 각광을 받기 시작해 지금까지 경영 컨설팅 분야에서 널리 활용되고 있으며, 실질적으로는 전략 연구 분야에서 많이 활용되고 있다. '경쟁우위의 인과관계 모호성casual ambiguity of competitive advantage'이라는 개념에는 "기업이나 컨설턴트 또는 학자가 기업의 핵심 역량을 정확히 규명하고자 한다면 그것은 오직 핵심 역량을 널리 활용하기 위함이다"라는 생각이 함축되어 있다. 그럼에도 핵심 역량에는 모방 가능성이 있고, 이에 경쟁자들은 자체적으로 명확한 핵심 역량을 구축할 것이다.

실전에서는 기업의 경쟁우위를 확보하고 핵심 역량 요건의 일부만을 충족하는 전략적 역량strategic competency에 대해 논하는 편이 좋다. 그렇다고 핵심 역량 같은 능력이 존재하지 않는다는 의미는 아니다. 이 같은 개념의 틀은 핵심 역량 접근법이 경쟁우위를 발생시키는 특정한 조직 역량을 설명하기에 용이하기 때문이다.

이런 경쟁우위를 확보하고 있다 해도 그것을 상세히 파악하고 재현하지 못하는 문제가 발생할 수 있다. 따라서 자원 중심의 관점에서 전략을 수립한다면, SWOT분석을 토대로 기업 내부의 강점과 약점을 파악해 핵심 역량의 네 가지 속성과 비교하는 방식으로 전략적 역량을 밝혀야 한다. 이때 핵심 역량의 속성을 충족하는 것은 실제로 경쟁우위에 있는 전략적 역량을 의미한다. 조건이 충족된다면 제시된 역량은 전략적 역량이며 이는 경쟁우위를 의미한다.

역동적 시장: 단순 규칙 접근법

시장 중심의 관점과 자원 중심의 관점은 모두 '전통적인' 시장 환경에서 생성되었다. 오늘날 기술이 급속히 발달하고 네트워킹이 온라인 세상을 지배하면서 시장과 비즈니스 환경의 역동성이 커지고 있다. 이런 상황에서 볼 때 이 두 가지 관점과 거기에 기반을 둔 전략들은 갈수록 힘을 잃어가고 있다. 두 가지 관점으로는 급변하는 환경에서 경쟁우위를 확보하기 위한 속도가 나지 않는다.

이와 같은 흐름 속에서 스탠포드 대학 경영대학원 캐슬린 아이젠하르트Kathleen Eisenhardt 교수는 1990년대 말에 방대한 사례 연구를 마친 뒤 급변하는 시장에서는 복잡한 전략 도구가 아닌 단순한 규칙과 핵심 프로세스를 실행하는 기업이 성공한다는 사실을 발견했

다. 아이젠하르트 교수가 말하는 단순한 규칙은 다음과 같은 다섯 가지 범주로 구분할 수 있다.[32]

- **실행 방법**How-to **규칙**: 기업이 핵심 프로세스를 실행하고 고유의 것으로 만든다.
- **경계**Boundary **규칙**: 잡아야 할 기회와 버려야 할 기회를 효과적으로 결정할 수 있도록 비즈니스 기회를 관리하는 데 제한 영역을 설정한다.
- **우선순위**Priority **규칙**: 비즈니스 기회를 분석하고 우선순위를 결정한다.
- **타이밍**Timing **규칙**: 시장의 역학과 비즈니스 기회를 제품 개발 등의 내부 프로세스에 '동기화'한다.
- **철수**Exit **규칙**: 가치가 떨어진 비즈니스 기회를 적절한 시기에 버린다.

이 접근법은 시장 중심의 관점이나 자원 중심의 관점보다는 단기적 비즈니스의 기회를 포착하고 실행하고 버리는 부분에 중점을 둔다. 또한 SWOT분석을 통한 강점과 약점뿐 아니라 기회와 위협 요소를 활용해 시장의 역동성 및 기업 내부 프로세스와 규칙에 대

그림 15 **시장 중심의 관점, 자원 중심의 관점, 단순 규칙 접근법 비교**[33]

	시장 중심	자원 중심	단순 규칙
전략적 논리	• 포지션 확립	• 자원 활용	• 기회 추구
전략적 단계	• 매력적인 시장 식별 • 방어적 포지션 포착 • 요새화 및 방어	• 비전 확립 • 자원 구축 • 시장 전반에서 활용	• 혼란 속으로 뛰어들기 • 계속 도전하기 • 기회 붙잡기 • 확실히 마무리하기
전략적 질문	• 어디에 있어야 하는가	• 무엇이어야 하는가	• 어떻게 나아가야 하는가
우위의 원천	• 밀접하게 결합된 활동 시스템을 통한 고유의 가치 있는 포지션	• 고유하고 가치 있고 모방할 수 없는 자원	• 핵심 프로세스와 고유의 단순한 규칙
최적의 시장	• 변화가 느리고 잘 짜인 시장	• 적당히 변화하는 잘 짜인 시장	• 급변하는 모호한 시장
우위 기간	• 지속	• 지속	• 예측할 수 없음
위기	• 상황의 변화로 포지션을 전환하기가 매우 어렵다.	• 기업이 신규 자원을 확보해 상황의 변화를 도모하는 데 시간이 오래 걸린다.	• 경영자들이 유망한 기회를 활용하는 데 주저한다.
성과 목표	• 수익성	• 장기적 우위	• 성장

해 해석하고 적용한다. [그림 15]는 전략적 논리, 전략적 단계, 전략적 질문, 우위의 원천, 최적의 시장, 우위 기간, 위기, 성과 목표의 여덟 가지 기준에 따른 세 가지 접근법의 차이를 보여준다.

시장 중심의 관점과 자원 중심의 관점이 변화가 느린 시장에서 지속되는 전략과 경쟁우위를 추구하는 접근법이라면, 단순 규칙 접근법은 단기 지향적이며 끊임없이 최상의 기회를 찾는다. 하지만 세 가지 접근법에 따르는 위험은 똑같은 형태를 띤다. 한 번 성공하면 새로운 상황에 적응하거나 시장에서 탈출하기 어렵다. 성공이 게으름을 유발한다는 사실은 어떤 전략적 관점을 채택하건 시장의 동태가 어떠하건 상관없이 적용된다.

비즈니스 모델과
전략적 의사결정

"전략이 무엇인지는 사실 아무도 모른다."

이 책의 첫머리에서 〈이코노미스트〉 기사를 인용해 던진 이 말을 지금까지 설명한 접근 전략들을 근거로 반박할 수 있다. 우리는 이제 이 말을 이렇게 바꿔 말할 수 있다. "우리는 이제 전략이 무엇인지 알고 있다."

민츠버그는 지금까지 설명한 접근 전략들의 근간을 이루는 개념을 일부 요약해 다음과 같이 전략을 정의했다.[34]

- 전략은 실행 계획이다: 공식적 계획 과정으로서 실행 중심의 원칙
- 전략은 지속적으로 실천하는 패턴이다: 미국식 전략 연구의 기술적 관점

- 전략은 경쟁 계층에 존재한다: 시장 중심 관점의 개념
- 전략은 하나의 관점이다(내부에서 외부로 향한다): 모든 접근법의 근간을 이루는 개념이지만 그중에서도 특히 자원 중심 관점의 개념에 해당된다.

요약하면 지금까지 설명한 접근법들은 전략 수립을 위한 다양한 전략적 도구와 프로세스의 근간을 이루지만 전략의 본질을 숙지하기에는 여전히 부족함이 있었다. 이에 따라 '비즈니스 모델 접근법 business model frame'을 기반으로 여러 관점들과 비즈니스 전략을 통합하고 몇 가지 부수적 이슈로 보완함으로써 이런 간극을 메우고자 한다.

비즈니스 모델 접근법

1990년대 중반에 창안된 비즈니스 모델 접근법은 '연계의 경제net economy'를 둘러싼 화제들, 즉 인터넷이 가져다준 기술의 진보와 기업 및 경제 프로세스의 세계화로 크게 각광받았다. 여기서 중요한 사실은 이런 이슈들로 인해 경제 활동이 양자 프로세스에서 상호 연결된 다자 프로세스로 전환되었다는 점이다.

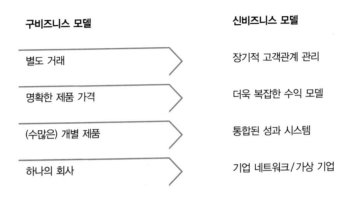

그림 16 비즈니스 모델의 전환

구비즈니스 모델

별도 거래

명확한 제품 가격

(수많은) 개별 제품

하나의 회사

신비즈니스 모델

장기적 고객관계 관리

더욱 복잡한 수익 모델

통합된 성과 시스템

기업 네트워크/가상 기업

　비즈니스 모델의 개념은 이러한 고도의 복잡성을 설명하기 위해 고안되었다. 영리를 추구하는 기업들은 무엇보다도 먼저 비즈니스 모델을 갖춰야 한다. 비즈니스 모델은 상호 연결된 세상의 복잡성을 구조적으로 보여주는 세 가지 구성요소로 이뤄져 있다.

- 제품과 시장의 결합 선택
- 수익 메커니즘 결정
- 부가가치 활동의 조합과 실행

새로운 흐름에 따라 달라진 것이 있다면, 수익 메커니즘의 측면이 전략에서 부차적인 것으로 간주됐던 과거와 달리, 다방면에 걸쳐 네트워킹과 기술의 진보가 이뤄지면서 또 다른 유형의 수익 메커니즘이 요구되고 있다는 점이다. 앞으로 살펴보겠지만 이런 새로운 흐름은 기업 시스템에 이어 전략 결정에 결정적인 영향을 미치고 있다. 현대의 비즈니스 모델은 기업 전략을 단순화해 표현한 모형으로, 네트워크 접근법의 관점 수준(기업 전략과 비즈니스 전략 모두에 나타난다)을 보여준다(그림 9] 참고). 때문에 SWOT분석 결과뿐 아니라 앞에서 설명한 전략적 도구들의 상당수가 활용된다. 이런 점으로 미뤄볼 때 비즈니스 모델은 전략의 본질에 가장 가까운 접근법이라 할 수 있다.

제품과 시장의 결합 선택

'제품과 시장의 결합 선택'은 앞에서 설명한 앤소프의 제품−시장 성장 매트릭스와 전략 개념을 바탕으로 한다. 따라서 비즈니스 모델을 통해 기업이나 그룹 전체가 현재 어떤 시장에서 어떤 제품을 어떻게 생산하고 있는지, 성장을 위해 활동 영역을 확장해야 하는지 말아야 하는지를 평가할 수 있다. 이런 평가에 따라 전략의 세 가지 핵심 변수가 도출된다.

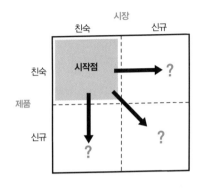

그림 17   '제품과 시장의 결합'을 선택하는 대안과 기준

- 관련 시장?
- 상승효과 · 범위의 경제?
- 전략적 역량의 활용?
- 아직 다루지 못한 고객 니즈?
- 사업부문별 마진?
- 업계 관련성 또는 기술 융합?

- 활동 영역
- 활동 영역과 관련된 목표 시장 및 목표 집단
- 선택의 경제 논리(위기를 확산시킬 것인가, 아니면 상승효과를 활용할 것인가)

네트워크 경제networked economy에 관한 연구 결과에 따르면 시장의 범위는 전략적 선택이 더욱 명확히 드러나는 목표 집단들로 세분화되었다. [그림 18]의 매트릭스에서 보면 상투적으로 소비재와 산업재를 구분할 때보다 비즈니스 모델에서 시장 전략이 한층 심도 있게 설명되고 있다. 이제는 기업과 소비자 간 거래(B2C)나 기업과

그림 18 **시장 전략을 구체화하는 9개의 상자 매트릭스**[35]

		서비스 고객		
		소비자	기업	정부기관
서 비 스 공 급 자	소 비 자	소비자와 소비자 간 예) 온라인 시장	소비자와 기업 간 예) 구직 광고가 붙은 취업게시판	소비자와 정부기관 간 예) 소득세 등 개인의 과세 절차
	기 업	기업과 소비자 간 예) 온라인 쇼핑몰에서 개인의 주문	기업과 기업 간 예)전자거래를 통한 공급자 주문	기업과 정부기관 간 예) 판매세, 법인세 등 기업의 과세 절차
	정 부 기 관	정부기관과 소비자 간 예) 복지, 실업 보상 등 행정 혜택	정부기관과 기업 간 예) 공공기관이 국내외 시장에서 벌이는 조달 활동	정부기관과 정부기관 간 예) 공공기관이 국내 시장에서 벌이는 거래

기업 간 거래(B2B) 같은 모델이 일반화되어 어떤 유형의 공급자가
어떤 유형의 고객에게 서비스를 제공하는지 간단히 설명된다.

수익 메커니즘 결정

'수익 메커니즘 결정'은 비즈니스 모델의 두 번째 구성요소를 이
룬다. 상거래 관계는 전략 결정 과정에서 핵심 주제로 부상하기 전
까지만 해도 기업의 관점에서 이뤄졌다. 수익 메커니즘 결정은 수
량(이에 상응하는 판매)에 따라 가격이 오르는 양자 간 접근법에 기반

그림 19 수익 메커니즘의 기본 형태[36]

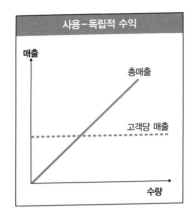

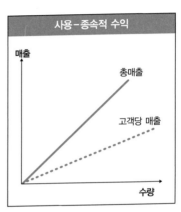

을 두었다. 이에 따라 앞에서 언급했듯 수익 모델은 상당히 복잡해

졌다. 따라서 비즈니스 모델이 이론상 사용-독립적 수익usage-

independent revenues과 사용-종속적 수익usage-dependent revenues에 근거한

다는 점에 우선 주목해야 한다.

사용-독립적 수익은 TV수신료 같은 기본요금에서 발생한다.

유럽에서는 대개 TV수신료를 한 번 지불하면 시간에 관계없이 무

한대로 TV를 볼 수 있다. 반면에 사용-종속적 수익은 영화티켓

같은 것에서 발생하는 수익을 말한다. 가령 소비자들은 영화관에

갈 때마다 티켓을 구매하는데, 이런 티켓 가격에서 수익이 발생한

다. 그리고 전화요금제 같은 혼합 형태도 있다. 통신 회사는 기본 요금을 부과하고 전화 사용량에 따라 추가 요금을 부과한다.

사용－독립적 형태와 사용－종속적 형태는 아무 문제없이 구축할 수 있는 반면, 혼합 형태는 이미 암시된 것처럼 수익 모델이라는 개념의 복잡성을 드러낸다. 따라서 통신 회사들은 자신들의 사업 범위 내에서 상품과 서비스에 대한 가격 전략을 세울 필요가 있다. 가령 기본요금을 얼마로 책정하고 기본요금이 적용된 네트워크 유형별 추가 요금을 얼마나 부과해야 하는지, 문자메시지 요금은 얼마나 부과해야 하는지, 문자메시지 광고를 허용하는 고객에게는 요금을 얼마나 할인해줘야 하는지 등을 고려해야 한다. 이런 경우 수익 유형별 고객 수와 고객의 가격 민감도로 인해 수익의 극대화가 제한되기도 한다.

한편 수익 모델에는 또 다른 최적화 문제optimization problem(경제학에서 가장 보편적으로 이용되는 선택 기준은 극대화 목적 또는 극소화 목적인데, 이를 합쳐 일반적으로 '최적화 문제'라고 한다－옮긴이)가 뒤따른다. 예컨대 웹사이트를 통해 B2C 상품을 독점 판매하는 기업을 생각해보자. 이런 경우 '사용usage'은 '거래transaction'로 대체되어 '거래－종속적 수익transaction-dependent revenues'이라는 용어로 설명된다. 매출이 상승하고 인지도가 쌓이면 웹사이트 방문객이 늘어나게 된다. 그러다

그림 20 **구경제와 신경제의 수익 가능성**

구경제			신경제		
	상품/ 서비스	상품+ 투자/운영		직접수익 발생	간접수익 발생
사용– 종속적	• 수량–종속적 • 거리–종속적	• 생산별 지불 • 경영자 모델	거래– 종속적	• 거래수익 • 접속요금 • 사용요금	• 수수료
사용– 독립적	• 기간별 고정 • 주문별 고정 • 수명주기별 고정	• 상여금 • 최소 수익	거래– 독립적	• 설치요금 • 기본요금	• 배너 광고 • 데이터 마이닝 　요금 • 후원

가 어느 순간 트래픽 수가 증가하면서 운영자는 웹사이트에 광고 배너와 링크를 걸어서 수익을 창출하게 된다. 이 경우 자사 상품을 가리지 않는 한도 내에서 웹사이트에 광고를 얼마나 채울 수 있을까? 웹사이트는 공간이 한정되어 있기 때문에 두 가지 기본 수익 메커니즘의 최적화 문제가 생긴다. 신기술로 야기된 이런 문제는 1990년대 중반까지만 해도 수익 모델과 결부지어 생각지도 못했던 것이다.

[그림 20]은 이러한 수익 메커니즘 결정의 복잡성과 비즈니스 모델 관련 수익 가능성, 그리고 그에 따른 전략 결정에 대해 보여준다.

신경제뿐 아니라 구경제에서도 복잡한 수익 메커니즘이 존재하기 때문에 대다수 의사결정권자들은 상품뿐만 아니라 기업 전반의 가치 창출과 관련된 가능성의 조합을 수없이 고려한다. 따라서 글로벌화와 네트워킹, 기술의 진보는 구경제에서조차도 전문화와 경쟁적 압박, 특히 혁신적 수익 모델을 구축해야 한다는 압력을 초래했다.

부가가치 활동의 조합과 실행

비즈니스 모델의 세 번째 구성요소는 '부가가치 활동의 조합과 실행'이다. 이 또한 앞에서 설명한 요인들의 영향을 받아 폭넓은 범위의 변수들이 설정되었다. 그중 다음 네 가지 기본 형태는 매우 중요하다.

전통적으로 기업은 업계 가치사슬에 하나 또는 그 이상 연결된 포지션을 차지한다. 가치사슬에 많이 연결될수록 수직적 통합의 정도는 심해진다. 예컨대 석유산업은 원유 탐사, 석유 제조, 석유 제품 운송, 석유제품 판매로 산업 활동을 분류할 수 있다. 엑손모빌Exxon Mobil과 로열더치쉘Royal Dutch Shell 같은 다국적 석유 기업들은 가치사슬 전반에 통합되어 있다. 가치사슬의 모든 단계를 운영하고 있다는 의미다. 하지만 그들 주위에는 독립된 주유소 운영자 등과 같은 시장 참여자들이 있다. 석유 제품만을 판매하는 이들은 가

그림 21 **가치사슬상의 기업 포지셔닝 전략**[37]

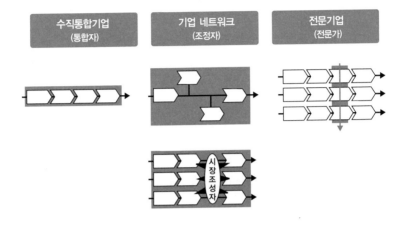

치사슬의 연결고리들 중 하나를 운영하고 있다.

1980년대에 대거 등장한 전문화된 기업들은 소위 '비즈니스 마이그레이션business migration'을 통해 동일한 서비스와 함께 여러 업종의 상품을 제공하고 있다. 가까운 예로 주유소 운영자들은 휘발유 판매자에서 가게 운영자로 역할이 바뀌었다. 즉 주유소 운영자들은 석유 제품을 비롯해 제과류와 일반 상품들까지 판매하기도 한다.

기업 네트워크 분야에서 유래한 두 가지 기본 형태, 즉 B2B와 B2C는 네트워킹과 기술적 진보로 주목받기 시작했다. 한편 다양한 업종의 공급자들이 모여 기간을 정해두고 특정 업종의 가치사슬 전반에 걸쳐 가치를 창출하는 비즈니스 모델도 있다. 이런 형태는 흔히 가상기업의 형태로 형성되는데, 대부분 소규모 시장 참여자들이 대규모 단일 계약을 체결하는 방식이다. 건설 컨소시엄 또는 광고대행사, IT 컨설턴트, 전략 컨설턴트 같은 서비스 공급자들 간의 제휴가 여기에 해당된다.

또한 인터넷 자체는 '시장 조성자market maker' 모델이 되었다. 이에 따라 기업들이 전통적 가치사슬을 깨고 여러 업종을 동시에 운영하는 새로운 연결고리 방식을 도입하고 있다. 인터넷 거래 플랫폼이 이런 모델의 좋은 예가 된다. 예를 들면 이베이eBay와 아마존닷컴Amazon.com을 비롯한 수많은 온라인 B2B 플랫폼들이 전통적 거래방식에서 벗어난 가상의 마켓플레이스를 형성했다. 아마존닷컴이 낡은 판매 채널을 온라인으로 전환한 반면, 나사볼트 같은 창고 비품 또는 그와 유사한 품목들을 한 회사에서 다른 회사로 중개하는 B2B 플랫폼들은 가치사슬(과거에는 폐기되고 말았을 품목 취급)에 새로운 연결고리를 형성하고 있다.

전략을 수립하려면 수많은 사항을 고려하고 다수의 의사결정 과정을 거쳐야 한다. 지금까지 이런 전략의 복잡성과 구조를 가장 잘 보여준 방식이 비즈니스 모델이다. 그럼에도 불구하고 비즈니스 모델은 단지 기술하는 수준에 머물러 있고, 전략의 본질이 무엇인지 명확한 해답조차 제공하지 못하고 있다.

3장

전략 경영의 실제

지금까지 설명한 전략의 기본 이론과 여러 준거 틀 외에 전략 실천의 핵심 영역이 몇 가지 존재한다. 이 영역들은 원래 전략 도구들로 구성되어 있지 않았지만, 최근 20년간 여기서 제시한 전략적 도구들의 방향에 실질적인 영향을 미쳤다. 따라서 이 영역들은 전략에 관한 추가적 관점이 아니라 대부분 기존의 전략적 관점과 결합된 것들이라 할 수 있다. 다시 말해 여러 준거 틀과 경영 개념을 결합해 기업들이 취하는 전략적 경로를 보여주기 위한 것이다.

예컨대 기업들의 가치 기반 전략value based strategy은 언제나 비즈니스 계획을 기초로 하고, 비즈니스 계획상의 매출 수치는 포터의 접근 전략인 SWOT분석으로 대부분 정확히 예측할 수 있다. 따라서 기술적 분석에 초점을 맞출 때 여러 준거 틀을 기반으로 한 실질적 고찰은 전략적 경로를 이해하는 데 반드시 필요하다. 이런 과정을 거쳐야만 전략의 옥석을 가리고 과거의 사례에서 학습할 수 있다.

3장에서는 지금까지 설명한 접근 전략들과 결합해 지난 20년간 전략에 영향을 준 네 가지 핵심 경영 개념을 사례와 함께 자세히 살펴보기로 하겠다. 이들 개념들은 콘셉트와 예시로 나눠졌지만 간략하게 설명하고 있어서 다소 딱딱하고 복잡하게 느껴질 수도 있을 것이다. 책 말미에 실린 참고문헌은 이와 관련해 보다 자세한 내용을 이해하는 데 도움이 될 것이다.

지금부터 설명할 네 가지 경영 개념은 다양한 범위에서 최고경영자들을 대상으로 실시한 설문조사를 바탕으로 선정되었다. 대다수 경영자들은 경영에서 가장 중요한 이슈로 다음의 네 가지를 꼽았다.

- 성장 전략growth strategy

- 비즈니스 프로세스 리엔지니어링business process reengineering

- 전략적 브랜드 관리strategic brand management

- 전략 게임strategic gaming

[그림 22]는 미국의 민간 경제조사기관인 콘퍼런스보드Conference Board가 2003년에 실시한 설문조사 결과로, 그동안 경영에 관해 실시된 수많은 설문조사 결과를 대표한다. 전략 게임 아래 여섯 가지 이슈는 네 가지 주요 이슈(성장 전략, 비즈니스 프로세스 리엔지니어링, 전략적 브랜드 관리, 전략 게임)의 하위 항목이라는 전제하에 더 이상 설명하지 않기로 한다.

그림 22 CEO들이 생각하는 '경영에서 가장 중요한 이슈'

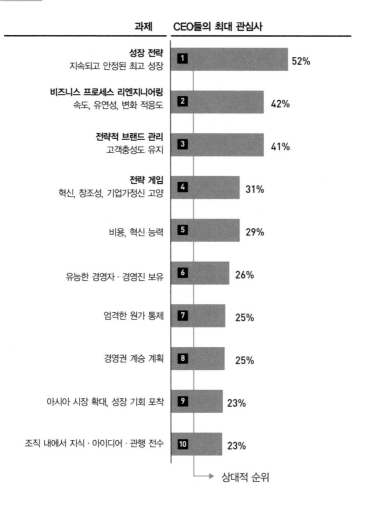

	과제	CEO들의 최대 관심사

성장 전략
지속되고 안정된 최고 성장 — ① 52%

비즈니스 프로세스 리엔지니어링
속도, 유연성, 변화 적응도 — ② 42%

전략적 브랜드 관리
고객충성도 유지 — ③ 41%

전략 게임
혁신, 창조성, 기업가정신 고양 — ④ 31%

비용, 혁신 능력 — ⑤ 29%

유능한 경영자 · 경영진 보유 — ⑥ 26%

엄격한 원가 통제 — ⑦ 25%

경영권 계승 계획 — ⑧ 25%

아시아 시장 확대, 성장 기회 포착 — ⑨ 23%

조직 내에서 지식 · 아이디어 · 관행 전수 — ⑩ 23%

→ 상대적 순위

• CEO 539명 참가(미국 56%, 유럽 27%, 아시아 9%, 기타 8%)
• CEO들은 62개 과제 문항에 1점(최대 관심사)에서 5점(사업과 무관한 일) 범위에서 점수를 매겼다.

성장 전략

성장 중심의 전략 개발은 전략 경영의 핵심 과제다. 투자와 연관되는 성장에는 항상 위험이 수반된다는 점을 감안할 때, 성장 전략의 개발은 마치 밀에서 왕겨를 걸러내는 일과 같다.[38] 여기서는 성장이라는 이슈와 가치 창출의 함의를 이해하기 위해 다음 질문들을 살펴볼 것이다.

- 성장이란 무엇인가?
- 기업은 왜 성장부터 해야 하는가?
- 성장에는 한계가 있는가?
- 효과를 잃은 성장 전략은 무엇인가?
- 더 크게 성장하면 더 크게 성공하는 것인가?

가치 기반 경영, 시장점유율 방어, 한계와 접근법

성장이란 무엇인가? 다른 무엇보다도 재무적 성장은 조직의 장기 생존을 담보한다는 점에서 조직의 1차 목표가 된다. 다시 말해 성장은 다분히 의도적인 것이다(반면에 비용을 지출하는 형태로 투자 활동을 드러내놓고 하지 않는 한 비용 증가는 의도하지 않게 나타나는 현상이다).

국가경제의 성장을 GDP, GNP, 생산성비율 같은 성장 잠재성으로 표현하는 것처럼 기업들도 고유한 척도를 가지고 성장률을 나타낸다. 기업들은 대체로 시장 성장(절대적)이나 시장점유율 성장(상대적)을 성장 변수로 삼아 시장 목표를 세운다. 또한 일반적으로 기업 규모의 증가율을 성장의 척도로 삼는다. 순투자net investment나 사업 유지비용을 초과하는 투자 활동은 투자된 자본의 규모를 확대시킨다. 비유동자산non-current asset과 손익의 변화(비유동자산의 손익)도 기업의 성장 척도에 포함된다.

여기에는 투자 수익이 비용보다 커야 한다는 중요한 전제조건이 따른다. 다시 말해 투자 평가 시 순현재가치net present value[39]가 긍정적으로 나와야 한다. 이 경우 기업 규모의 증가가 수익 목표를 뒷받침한다. 이외에 투자 기반의 기업 규모가 암시적으로 반영된 수익 성장, 그리고 조직의 성과를 나타내는 것은 아니지만 직원 수의 증가(컨설팅 사업 같은 서비스 분야에서는 몇 가지 예외가 있다)를 성장 척도로 삼기도 한다.

전략 관련 책에서는 수많은 이유들을 제시하지만, 기업이 성장해야 하는 가장 중요한 이유는 두 가지가 있다.

첫째, 기업은 장기적 관점에서 관련 시장의 평균성장률 이상 성장해야 시장점유율을 유지할 수 있다. 평균 이상의 성장은 시장점유율을 끌어올리는 반면, 평균 이하의 성장은 시장점유율을 떨어뜨린다. 따라서 기업의 성장은 앞에서 말한 것처럼 생존을 위한 세 가지 필수 요건 중 하나라고 할 수 있다.

둘째, 기업은 주주와 자본시장 사이에서 균형을 유지하고 꾸준히 주주 가치(shareholder value; SHV)를 높여야 한다. 투입된 자본의 양을 의미하는 기업의 규모가 투자에 따라 순현재가치가 상승한다는 예측을 토대로 증가한다면 수익이 상승하거나 가치가 창출된다. 따라서 기업의 규모를 확대해 주주 가치를 높이려면 생존의 또 다른 두 가지 요건, 즉 유동성과 수익성을 확보해야 한다.

주주 가치는 기본적으로 기업 가치에서 부채를 빼는 방식으로 평가한다. [그림 23]은 이 개념을 수식화해 보여준다.

주주 가치 접근법은 순현재가치 계산법과 유사하다. 예측 기간은 대개 5년을 넘지 않는다. 그 이상을 넘어가면 예측이 거의 불가

그림 23 **주주 가치 계산 공식**[40]

$$SHV = \sum_{t=1}^{T} FCF_t / (1+WACC)^t + GCV / (1 + WACC)^T - IBD + NOA$$

SHV = 주주 가치(주식 가치)
FCFt = t년의 자유현금흐름
GCV = 계속기업 가치(작년 FCF나 평균 FCF를 WACC로 나눔)
IBD = 이자 발생 부채
WACC = 가중평균자본비용
NOA = 비운용자산
t   = 해당 연도
T   = 계획 기간에서 지난해

능하다. 미래 대차대조표와 손익계산서를 바탕으로 자유현금흐름을 계산하고 사업 개발에 관한 상세한 예측을 토대로 모든 항목을 채워야 하기 때문이다.[41] 이러한 프로세스를 흔히 '경영 계획 business planning'이라 하며, 되도록 정확하게 사업을 전망하고 전략적 수치를 산출해야 한다는 점에서 SWOT분석 이외의 모든 비즈니스 전략 접근법들과 통합되어 있다.

기업은 5년이 지나더라도 사업을 계속하기 때문에 계속기업 가치(going concern value; GCV)는 5년 이상의 기간으로 계산한다. 이를 전문 용어로 '영구 가치perpetuity value'라고 하는데, 지난해의 자유현금흐름이나 자유현금흐름의 평균치를 가중평균자본비용으로 나눈 다음 할인한다. 축적되고 할인된 자유현금흐름과 할인된 계속기업 가치의 합계는 기업 가치와 동일하다. 마지막으로 이자 발생 부채를 차감하면 주주 가치가 된다.

자유현금흐름은 계속기업 가치와 주주 가치의 두 가지 가치 구성요소에 모두 포함되기 때문에 자유현금흐름의 전망이 매우 좋아야 한다.[42] 실제로 계속기업 가치는 일반적으로 기업 가치의 70퍼센트 이상을 차지한다.[43] 수익성이 좋은 투자 활동의 결과로 기업 규모가 커진다면 이런 투자는 수익에 긍정적인 기여를 하고, 이는 자유현금흐름의 지속적인 성장으로 이어져 결국 주주 가치가 상승한다.

주주 가치의 지속적인 상승은 오직 투자 기반의 성장을 통해 이뤄진다. 따라서 주주들은 지속적인 성장세를 보이지 않는 기업에 만족하지 않을 것이다. 기업의 매각은 일시적 유동성 증가 효과를 일으키며 현금흐름에 긍정적 효과를 가져다주기도 하지만, 전혀 효과가 없는 경우도 있기 때문에 주주 가치 평가에서 큰 비중을 차지하지 않는다. 일정한 기업 규모는 보통 주주 가치의 상승에 아무런 영향을 미치지 않는다.

기업들은 주주 가치를 높이기 위해 투자수익률을 높일 필요가 있다. 투자수익률 스프레드return spread는 자기자본이익률return on equity(주주의 자본을 사용해 이익을 어느 정도 올리고 있는지 나타내는 지표—옮긴이)과 자기자본비용cost of equity(기업이 조달한 자기자본의 가치를 유지하기 위해 최소한 벌어들여야 하는 수익률—옮긴이) 사이에 나타나는 긍정적 변화를 보여준다. 자기자본비용은 정부 채권 같은 안전한 투자수단에 기업의 위험 프리미엄(특정 기업이나 업종에 구체적인)을 더

그림 24 **투자수익률 스프레드 체계**[44]

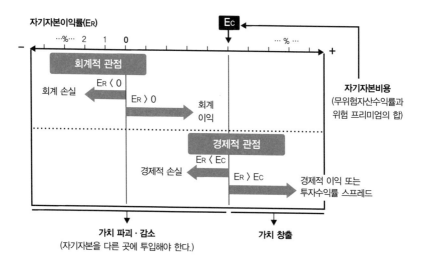

해 계산한다. 이 모든 것은 자기자본비용이 보통 15퍼센트 또는 그이상이 된다는 것을 의미한다. 따라서 기업은 실제 가치를 창출하기 위해 자기자본비용 이상의 투자 수익을 창출해야 한다.

[그림 24]는 이런 연관관계를 보여주며, 회계 이익accounting profit이 가치를 파괴해 결국 주주들의 경제적 손실을 야기한다고 지적한다. 이러한 사실은 전략 계획의 영역에서는 혁명적인 것이다. 요컨대 회계 이익이나 장기 생존이 아닌 가치 창출을 전략의 주요 목표로 삼아야 한다는 것이다.

[그림 24]를 보면 스프레드가 확장될수록 주주 가치가 상승한다. 기업 규모가 일정한 상황에서는 무엇보다도 비용을 줄임으로써 투자수익률 스프레드를 확장시킬 수 있다. 그러나 투자 기반의 확대와 비교해 이 방식은 주주 가치를 지속적으로 높이는 데 한계가 있다. 언젠가는 비용 절감 가능성이 바닥날 것이기 때문이다.

지금까지 설명한 것은 기업이 반드시 성장해야 하는 이유를 분명하게 보여준다. 그러나 성장에는 한계가 따르기 마련이다. 바꿔 말하면 기업이 성장하기 위해 반드시 고려해야 할 것들이 있다. 전문가들은 이론적으로 단위시간당 생산량이 증가해도 단위원가unit cost가 더 이상 상승하지 않는 최적의 최소 기업 규모가 있다고 추측한다. 규모의 경제가 사라지는 것이다. 기업 규모가 계속 커질 때 '규모의 비경제'diseconomy of scale(모든 생산 요소를 같은 비율로 변동시킬 때, 총생산량이 생산 요소의 증가율보다 더 낮은 비율로 증가하는 현상 — 옮긴이)'가 발생하기도 한다. 이는 규모의 경제에 반대되는 현상으로 복잡한 경영 구조와 정보 불균형 등의 요인으로 발생한다.

이러한 개념에는 규모의 비경제가 발생하는 시점을 확인할 수 없다는 문제가 내포되어 있다. 시장의 포화 상태가 성장을 제한할지도 모르지만 포화 시장이라는 것이 과연 존재할까? 소니의 간판 브랜드 '워크맨Walkman'의 사례처럼 기술적 요인으로는 더 이상 수요가 발생하지 않을 때, 결국 마케팅에 끊임없는 수요를 창출해야 하는 책임이 부여된다.

자원이 부족해도 성장이 제한될 수 있다. 기업은 숙련된 직원이나 원자재 같은 구하기 어려운 자원에 크게 의존하고 있다. 그러나 자원이 부족한 상황에 처하면, 자원 공급자들은 기꺼이 서비스 비용을 치르는 구매자의 의향을 이용하기 위해 중기적 차원에서 문제를 해결하려 한다. 예컨대 누구나 아는 것처럼 유가가 장기간 높은 수준에 머무를 때 석유 회사들은 대서양 원유 보유고를 개발하는 데 기술 투자를 이끌어낼 수 있다. 또 1990년대 말 이후 적격한 전문가의 수요를 확보한다는 명목으로 해마다 새로운 사립대학이 생겨나고 있다.

따라서 개별 기업의 관점에서 성장을 가로막는 실제적인 한계는 없다. 기껏해야 성장을 일시적으로 억제하는 요인이 있을 뿐이다. 지구의 생태학적 균형이나 연료 소비를 줄이고 환경을 보호해야 하는 책임도 개별 기업의 관점에서는 성장을 제한하는 요인으로 인식되지 않는다.

앤소프의 관점에 따라 수평적 성장 전략을 결정할 때 기업은 성장을 도모하는 두 가지 선택을 할 수 있다. 하나는, 자체 자원과 전문 기술을 활용한 성장이다. 이 접근법은 다소 느리긴 하지만 안전하고 운영이 용이하며 비용이 과도하게 들지 않는다는 장점이 있다. 다른 하나는, M&A를 통한 외부적 성장을 의미하는 비유기적 성장이다. 이 접근법을 활용하면 기업 인수를 통해 급속한 성장을 도모할 수 있지만, 많은 비용을 투자해야 하고 위험이 따르며 성장을 통제하는 능력이 떨어진다는 단점이 있다.

이는 경제적 관점에서 M&A 활동의 절반 이상이 실패로 끝나는 이유 중 하나이기도 하다. 즉 과도하게 높은 구매가격 프리미엄, 가늠하기 어려운 상승효과, 양립할 수 없는 기업 문화, 시대에 뒤떨어진 계획 수립과 실천 방식 등으로 인해 M&A로 예상되는 이익의 실현이 과도하게 지연되거나 또는 영원히 어렵게 된다. 이에 따라 막대한 이자와 복리비용이 발생하고 기회비용도 생긴다. 또한 기업 가치도 크게 손실된다. 이런 '가치 파괴'를 막으려면 입찰 업체들은 잠재된 상승효과를 고려해 인수 프리미엄을 정하고 인수 및 지불 날짜에 사전에 세운 세밀한 실행 계획[45]을 적절히 실행해야 한다.

이론적으로 기업 성장은 반드시 필요하지만 성장에는 많은 위험과 어려움이 따른다. 그래서 고속 성장하는 기업들이 실제로 다른 기업보다 성공하고 있는지 의문이 들기도 한다.

고속 성장하는 기업들의 7가지 성장 전략

이러한 의문을 풀기 위해 독일 컨설팅 회사인 롤란트베르거Roland Berger는 2002년에 전세계 1,700개 기업을 대상으로 실증 연구를 실시했다.[46] 이 연구는 공식적인 재무제표를 활용해 기업들이 어떻게 고속 성장하고 그러한 성장이 성공으로 이어지는지 확인하는 것을 목표로 했다. 먼저 1996년에서 2002년까지 각 기업의 매출 성장률을 계산해 각 기업의 성장률을 측정했다. 그런 다음 연간 세전영업이익(earning before interest and tax; EBIT)성장률[47]을 평가해 각 기업의 재무적 성장을 설명했다.

연구 결과 1,700개 기업 중 441개 기업의 매출성장률이 매년 평균 11.8퍼센트, 세전영업이익성장률이 평균 8.5퍼센트 이상 상승하는 것으로 나타났다. 이는 해당 기간에 기업의 26퍼센트가 강한 성장세에 힘입어 가치를 창출했음을 의미한다(이들 기업은 성장률이 뛰어난 기업으로 분류되기도 한다). 이들 기업은 총주주수익률total shareholder return[48], 생산성, 인원 수 같은 다른 지표들 또한 평균 이상으로 나타났다. 이러한 결과를 토대로 강한 성장세가 기업의 모든 이해관계자에게 긍정적인 영향을 미쳤다고 판단할 수 있다.

롤란트베르거는 연구의 일환으로 실천 중심의 성장 전략 관점에서 흥미로운 분석 결과를 내놓았다. 평균 이상의 성과를 달성한 441개 기업들이 보이는 전략 패턴을 발견한 것이다.[49] 그리고 거기에서 기업들이 성장률을 높이는 일곱 가지 전략을 추려냈다. 지금부터 일곱 가지 성장 전략과 441개 기업의 실제 사례를 살펴보도록 하자.

혁신과 브랜딩

인텔Intel은 기업 경영에서 '혁신과 브랜딩'의 훌륭한 본보기가 된다. 무엇보다 1960년대 말 이후 마이크로프로세스를 개발하고 꾸준히 개선해나가면서 단기간에 급성장을 이룩했다. 동시에 인텔은

그림 25 **고속 성장하는 기업들의 7가지 성장 전략**

1️⃣ 혁신과 브랜딩

2️⃣ 규칙의 파괴

3️⃣ 글로벌화

4️⃣ 집중된 포트폴리오

5️⃣ 아웃소싱을 통한 수직적 통합 축소

6️⃣ M&A를 통한 시장 참여 및 통합

7️⃣ 네트워크, 파트너십, 가상화

'인텔 인사이드Intel Inside'라는 로고와 징글jingle로 글로벌 브랜딩을 달성했다. 미국 반도체 회사인 AMD 같은 경쟁사들은 늘 인텔을 따라잡기에 바쁜 신세로 전락했다.

규칙의 파괴

저가 항공사인 라이언에어는 항공 시장에서 새로운 규칙을 발견한 대표적인 사례로 꼽힌다. 라이언에어가 새로운 전략을 실행하기 전까지만 해도 항공 시장은 비용 집약적 노선을 운영하는 거대

국영 항공사들이 주를 이루었다. 라이언에어는 이런 항공 시장에서 저가 서비스를 제공하는 비용우위의 전략을 펼침으로써 시장의 규칙을 파괴했다.

라이언에어는 먼저 세계 곳곳에 위치한 공항들 간의 복잡한 시스템을 따르지 않고 독자적으로 움직였다. 편도 요금제를 운영해 요금을 저가로 유지하고 한적한 지방 공항을 이용해 항공기 체류 시간을 줄이고 비행시간을 앞당겼다. 또한 동일한 기종의 항공기를 사용해 부품을 쉽게 구입하고 직원교육 시간도 단축시켰다. 비행기 티켓도 여행사를 통하지 않고 인터넷을 이용해 직접 판매하고 음식이나 음료수 등 기내에서 제공하는 식음료는 모두 별도로 판매했다.

이런 전략을 통해 라이언에어는 최저가의 요금으로 필수적인 서비스만 제공하면서 비행시간을 최대한 단축했다. 이는 라이언에어가 동일한 경로의 단거리 여행 고객을 대거 보유한 대형 항공사들에게 대항해 내놓은 대안이라 할 수 있다.

글로벌화

영국 이동통신사인 보다폰Vodafone은 글로벌화 전략을 효과적으로 실천해 성장한 대표 기업으로, 세계 각국의 대형 통신 기업들과 파트너십을 맺고 합병을 한 덕분에 글로벌 휴대전화 기업으로 발돋움할 수 있었다. 또한 보다폰은 1993년과 1994년에 독일, 오스트레일리아, 영국, 피지, 남아프리카공화국에 투자했고 1995년에는 네덜란드, 프랑스, 홍콩의 합작회사들과 협력해 벤처회사를 설립했다. 2001년에는 아일랜드의 에어셀Eircell을 인수하고 중국 최대 통신 회사인 차이나모바일China Mobile과 전략적 제휴를 맺었다. 2002년에는 독일계 통신업체인 마네스만Mannesmann을 인수하고 오늘날 미국 최대의 통신 회사로 거듭난 버라이즌Verizon(미국의 벨 애틀랜틱Bell Atlantic과 함께 설립한 합작회사)을 설립했다. 2007년 자료에 따르면 보다폰은 전세계 25개국에 자회사를 두고 있고 40개국의 통신 회사들과 전략적 제휴를 맺었다.

집중된 포트폴리오

'집중된 포트폴리오'는 핵심 비즈니스와 규모의 경제, 경험곡선 효과에 초점을 맞춤으로써 장기적인 성장을 이룩하는 성장 전략이다. 독일계 전력 회사인 에온E.ON이 이 전략의 좋은 본보기를 보여줬다. 에온은 1999년과 2000년에 걸쳐 복합기업 페바VEBA, 피아그VIAG와 합병해 설립한 회사다. 합병한 두 회사는 모두 전력 및 수력 설비뿐 아니라 여러 업종의 자회사를 거느리고 있었다. 이에 따라

에온은 통신, 화학, 석유, 부동산, 전기, 화물수송, 알루미늄, 유리, 정밀화학 등의 업종에 진출하게 되었다. 또한 합병을 계기로 에온은 다양한 사업 부문을 매각하고 공익사업에 집중해 전력, 가스, 수도를 직접 공급하기 시작했다.

아웃소싱을 통한 수직적 통합 축소

독일의 스포츠카 제조업체인 포르쉐Porsche는 1990년대 초에 구조조정을 단행한 데 이어 아웃소싱을 통해 수직적 통합(원재료를 확보해 최종 제품을 생산하고 판매하기까지 전체 공급 과정에서 기업이 일정 부분을 통제하는 전략. 동종 업계의 다른 기업과 통합하는 수평적 통합과 대비된다—옮긴이)을 축소하는 전략을 활용해 재도약의 길에 들어섰다. 오늘날 포르쉐는 수직적 통합이 가장 낮은 자동차 기업으로 통하는데, 대부분 아웃소싱으로 부가가치를 창출하고 있다. 포르쉐는 마케팅은 물론 혁신과 제품개발(엔진 기술)에 집중해 세계에서 가장 수익성 좋은 자동차 기업으로 발돋움했다.

M&A를 통한 시장 참여 및 통합

'M&A를 통한 시장 참여 및 통합' 전략은 시장의 주요 경쟁사들을 인수해 시장점유율을 확대함으로써 시장 지배력을 공고히 하는 것을 목표로 한다. 1990년대 중반, 유럽에는 3대 글로벌 석유 기업인 로열더치쉘, BP, 엑손모빌 외에 중간 규모의 석유 회사들이 난립했다. 당시 시장에서 위협적인 존재로 떠오르던 프랑스의 석유 회사 엘프아키텐Elf Aquitaine은 구동독 정부가 소유했던 미놀Minol을 인수했다. 엘프아키텐이 토탈피나엘프Total Fina Elf(프랑스의 정유 회사-옮긴이)까지 인수해 프랑스 석유업계를 장악하는 것은 시간문제로 보였다.

토탈피나엘프의 경영진은 이런 위협으로부터 벗어나기 위해 1998년에 벨기에의 패트로피나Petrofina를 120억 유로에 흡수 합병해 업계 전체를 들썩이게 했다. 더 크고 강해진 토탈피나엘프는 불과 1년 만인 1999년에 경쟁사인 엘프아키텐을 490억 유로에 인수하기에 이른다. 이렇게 탄생한 토탈피나는 2년 만에 글로벌 시장에서 3대 글로벌 석유 기업의 경쟁자로서 자타가 공인하는 석유업계 4위의 기업으로 등극했다.

네트워크, 파트너십, 가상화

성장률이 뛰어난 441개 기업들 가운데 푸마Puma는 '네트워크, 파트너십, 가상화' 전략을 제대로 실천한 기업으로 꼽힌다. 놀라운 성공을 거둔 가상기업 구조 모델로 자주 거론되는 푸마는 독일

(R&D, 구매, 전략 기획, 물류, 영업, 유통), 미국(R&D, 마케팅), 홍콩(구매, 마케팅)에 가상의 본사를 두고, 각각의 본사에 부여된 주요 기능을 중심으로 저마다 몇 가지 부가기능을 수행하게 하고 있다. 또한 푸마는 자체 생산을 하지 않고 전세계 33개국의 생산 기지에서 아웃소싱을 통해 제품을 생산해 푸마 브랜드로 마케팅하고 있다. 상식적으로 푸마 브랜드는 국영 기업들과 제조업체들 간의 협력으로 만들어지는 엄브렐러 브랜드라 해도 그 자체는 가상 브랜드다.

비즈니스 프로세스 리엔지니어링

비즈니스 프로세스 리엔지니어링(business process reengineering; BPR)은 경영 어젠다에서 매우 높은 위치를 차지한다. 이 개념은 프로세스의 전환이 운영 관리의 문제로 널리 인식되고 일반적 의미에서 업무 프로세스를 철저히 점검하고 개선하는 활동이라는 사실에서 처음부터 놀랄 만한 의의를 가졌다. BPR이 전략 경영보다 운영 관리에 핵심적이라면, 왜 전략 이슈와 전략 개념을 암시하는 경영 어젠다에서 높은 비중을 차지하는 걸까? 다음의 핵심 질문에 대한 답을 구하면서 그 궁금증을 풀어보도록 하자.

- BPR은 무엇이며 왜 개발되었는가? BPR의 구성요소와 특징, 그리고 이점은 무엇인가?

- BPR의 실행요인은 무엇이며 어떻게 실행하는가? BPR에 따르는 위험은 무엇인가?
- BPR을 실제 적용한 구체적 사례는 무엇인가?

프로세스 관점과 BPR의 실행

BPR 기법[50]을 활용하면 기업의 업무 프로세스가 개선되는 이상의 효과가 발생한다. BPR은 기업 구조 조직(적합한 조직 구조의 문제)과 기업 프로세스 조직(가치 창출 방법의 문제)이 구분되는 조직 이론의 구성요소다.

18세기 말로 거슬러 올라가면 애덤 스미스Adam Smith가 분업을 통해 최적의 비용으로 생산을 최대한 끌어올릴 수 있다는 이론을 내놓았다. 이후 20세기 초에 프레더릭 테일러Frederick Taylor가 대량생산의 범위 내에서 이 원칙을 완성했다(이를 '테일러리즘'이라 한다). 테일러리즘에 기반을 둔 조직 구조는 계층적, 기능적 구조를 특징으로 했다. 이런 조직 구조에서는 프로세스 실행, 가치 창출, 조직화coordination(즉 프로세스 그 자체) 등의 활동이 오직 각 부서의 수직적 구조 내에서 이뤄진다. 가령 R&D, 생산, 판매 등의 각 부서는 한 가지 작업을 완료한 뒤 '완료한 작업물'을 다음 부서로 넘긴다.

1980년대에 구매자 시장에 일대 전환이 일어나고 시장의 세계화로 경쟁 압박이 거세지면서 고객 편익, 즉 부가가치가 부서나 기능 중심의 프로세스가 아닌 고객 중심의 프로세스에서 창출된다는 점이 분명해졌다. 1980년대 말에 기업들은 이처럼 변화된 환경에서 경쟁력을 유지하기 위해 조직의 패러다임을 바꿨다. 이에 따라 수직적 조직 구조는 [그림 26]처럼 부서 간 수평적 프로세스 관점과 통합되었다.

BPR의 개념을 이해하려면 먼저 비즈니스 프로세스의 정의를 살

그림 26 **수직적 조직 구조와 수평적 프로세스 관점의 통합**

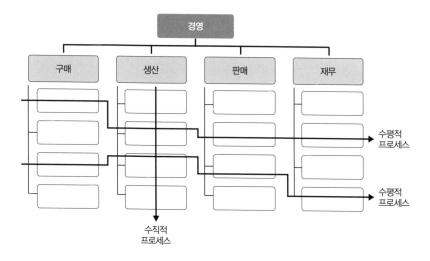

펴봐야 한다. H. 제임스 해링턴H. James Harrington은 1989년에 BPR의 프로세스 개념을 다음과 같이 분명하게 정의했다.51)

- **프로세스**process: 자원을 투입해 가치를 창출하고 최종 산출물 output을 내부 또는 외부 고객에게 제공하는 활동이다.
- **생산 프로세스**production process: 제품이 포장되는 시점까지 외부 고객에게 전달될 하드웨어나 소프트웨어에 물리적 접촉을 가하는 프로세스다.
- **비즈니스 프로세스**business process: 생산 프로세스를 뒷받침하는 모든 서비스와 프로세스, 논리적으로 연관된 직무들로 구성된다.

프로세스에서 투입된 자원은 내부 고객이든 외부 고객이든 상관없이 생산물의 가치가 상대적으로 높은 수준에 도달할 때까지 처리된다. 이처럼 프로세스를 통해 생산물이 만들어지고 가치가 창출되는데, 여기서 중요한 점은 프로세스에 가치를 파괴하는 불필요한 활동이 수반되어서는 안 된다는 것이다. 어떤 프로세스가 제품 가치를 직접적으로 향상시키기 위해 제품에 물리적 접촉을 할 때 이는 생산 프로세스가 된다. 그러나 이런 프로세스는 BPR의 일부라 할 수 없다. BPR은 생산 프로세스를 뒷받침하는 과정을 고찰하는 활동이라 할 수 있다. 이와 같은 프로세스 관점에서 부서 간의 조화와 통합이 이뤄진다. 따라서 프로세스를 기반으로 가치를 창출하기 위해서는 비즈니스 로직business logic(기업의 비즈니스 규칙을 프로그래밍한 것─옮긴이)을 따를 필요가 있다.

경영 컨설턴트이자 'BPR의 아버지'라 불리는 마이클 해머Michael Hammer와 제임스 챔피James Champy는 BRP의 핵심 요건 네 가지를 설정하고 BPR의 개념을 확장시켰다 .

"비용, 품질, 서비스, 속도 같은 기업의 핵심 성과 면에서 극적 향상을 이루기 위해 비즈니스 프로세스를 기본적으로 재고하고 근본적으로 재설계하는 과정이다."[52]

BPR을 고려할 때는 다음의 네 가지 핵심 요건을 갖춰야 한다.

1. 기본적 사고: 다음과 같은 기본적 질문을 고찰해야 한다. "우리가 이런 활동을 하는 이유는 무엇인가?" "이런 활동을 하기 위해 실제로 필요한 것은 무엇이고 어떻게 실천해야 하는가?"
2. 근본적 재설계: 표면적으로 개선하는 것뿐 아니라 사업 전반을

재고하는 것이다. 필요하다면 전면적으로 변화를 준다.

3. 극적 향상: BPR은 성과 면에서 미비한 향상이 아니라 극적 향상을 꾀하기 위한 것이다.

4. 프로세스: BPR은 오직 프로세스에 적용된다. 사업 전반을 재고하는 프로젝트에서는 프로세스 관점을 우선으로 하며 기업 조직 구조와는 무관하다.

따라서 BPR은 기존 비즈니스 프로세스의 완전한 재설계와 전면적인 조직 혁신으로 설명된다. 중소기업 중에는 아직도 ISO인증이나 품질경영 지침 등의 비즈니스 프로세스를 제대로 구축하지 않은 기업들이 많다.

BPR의 엄격하고 정확한 정의는 프로세스 관점의 구성요소와 구조에 영향을 미친다. 요컨대 BPR을 통해 핵심 요소를 분명히 하고, 불필요하고 가치를 파괴하는 요소를 낱낱이 밝힐 수 있다. 때문에 BPR은 언제나 기업이 창출하는 가치인 최종 산출물에 초점이 맞춰져 있다. 고객 지향과 고객만족은 구매자 시장(B2C와 B2B 모두)의 니즈를 충족시키는 핵심 요인들이다. 오직 최종 산출물을 대상으로 하는 핵심성과지표(key performance indicators; KPI)를 통해 비즈니스 프로세스 전반이 실행된다면 결과 중심의 관점에서 사업을 운영하기가 훨씬 용이해진다. 또한 오늘날에는 정보통신 기술의 발달에 힘입어 개별 사업부서들은 물론 심지어 사업장들을 서로 연결할 수 있기 때문에 비즈니스 프로세스를 최적으로 설계하고 통제할 수 있게 되었다.

BPR을 뒷받침하는 프로세스 관점은 확실한 혜택으로 이어진다. 또한 BPR이 왜 전략 경영의 핵심인지 그 이유도 분명하게 밝힌다. 조직의 경쟁력과 역량을 고려하는 자원 중심의 관점이 BPR을 뒷받침하고 있다는 것은 두말할 필요가 없다. BPR을 통해 얻을 수 있는 혜택은 다음의 네 가지로 요약된다.

첫째, BPR은 가치를 창출하는 기업의 핵심 프로세스를 재설계하는 기법을 말한다. 그러므로 프로세스는 기업이 수립한 전략을 표현한 것이라 할 수 있다. 전략적 측면에서 구축한 가치 창출 모형, 이를테면 비즈니스 모델을 묘사한 것이다. 따라서 '구조가 전략을 따른다'가 아니라 '프로세스는 전략을 따르고, 구조는 프로세스를 따른다'라고 정의할 수 있다. 핵심 프로세스를 정의한 다음에는 조직 구조를 설계해야 한다.

둘째, 시간, 비용, 품질 목표라는 마법의 삼각형은 근본적으로 서로 상반되는 개념이기 때문에 BPR을 통해 최적으로 구성될 수 있다. 프로세스 관점에 따라 이 세 가지 변수가 모두 향상될 수 있기 때문이다. 모든 부서에 걸쳐 프로세스 진행 속도가 향상되고(시간), 효율적인 프로세스 덕분에 불필요한 비용요인이 제거되며(비용), 교차 기능의 초점이 최종 고객에 맞춰져 전사적 품질 관리가 촉진된다(품질).

셋째, 교차 기능 프로세스를 통해 조직 간 소통이 원활하게 이뤄지고 긍정적 네트워크 효과가 일어난다. 아울러 모든 구성원이 최종 제품이 생산되기까지 자신들이 무엇을 기여해야 하고 타 부서와 어떻게 협력해야 하는지를 분명하게 인식하게 된다.

넷째, 프로세스는 1차 프로세스, 2차 프로세스, 하위 프로세스, 활동, 실행과 같이 계층 구조의 순서로 정렬될 수 있다. 프로세스의 각 단계는 [그림 27]처럼 결과와 개별 실행 계획을 기반으로 순차적으로 관리하고 최적화할 수 있다. 이런 방식으로 최적화되고 표준화된 비즈니스 프로세스는 고속 성장을 위한 플랫폼으로 기능하며, 새로운 사업을 개척하는 데 용이하게 적용된다.

BPR은 1차로 내부 프로세스를 최적화하고 다음으로 기업 간 프로세스를 설계하는 데 사용되어야 한다.[53] 두 과정은 동일하며 다음의 일곱 단계를 거친다.[54]

그림 27 비즈니스 프로세스의 계층 구조

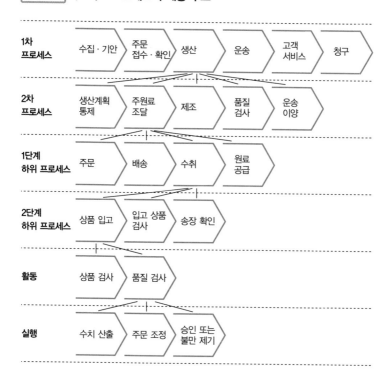

| 1차 프로세스 | 수집·기안 | 주문 접수·확인 | 생산 | 운송 | 고객 서비스 | 청구 |

| 2차 프로세스 | 생산계획 통제 | 주원료 조달 | 제조 | 품질 검사 | 운송 이양 |

| 1단계 하위 프로세스 | 주문 | 배송 | 수취 | 원료 공급 |

| 2단계 하위 프로세스 | 상품 입고 | 입고 상품 검사 | 송장 확인 |

| 활동 | 상품 검사 | 품질 검사 |

| 실행 | 수치 산출 | 주문 조정 | 승인 또는 불만 제기 |

1단계: 기업 전략을 확인한다

기존 전략 문서들을 검토하거나 앞에서 설명한 여러 준거 틀을
적용한다.

2단계: 전략을 실행하는 데 필요한 전략적 역량을 결정한다

마찬가지로 기존 전략 문서들을 검토하거나 앞에서 설명한 여러 준거 틀을 적용한다.

3단계: 프로세스들을 면밀히 분석한다

다음 사항을 점검해 중복, 유휴시간, 과잉 등 부가가치를 떨어뜨리는 활동을 밝혀낸다.

- "프로세스상의 활동들이 모두 필요한가?"
- "품질과 속도 면에서 좀 더 높은 수준으로 향상시킬 수 있는 활동은 무엇인가?"
- "몇 가지 활동들을 통합해 단계별 과정과 대기시간을 줄일 수 있는가?"

4단계: 수정할 프로세스를 선정한다

개별 프로세스를 분석하면서 수정할 프로세스를 선정해 BPR을 실행할 우선순위를 정한다. 이 경우 기업의 핵심 프로세스들을 한꺼번에 수정할 수는 없다. 그것은 자칫 사업 운영에 중대한 위험을 초래할 수 있다. 그러므로 다음 기준에 따라 수정할 프로세스를 선

정하는 것이 좋다.

- 프로세스가 고객에게 어떤 영향을 미치는가?
- 프로세스가 조직에 전략적으로 얼마나 중요한가?
- 프로세스에는 어떤 기회들이 존재하는가?

5단계: BPR의 핵심성과지표를 수립한다

핵심성과지표를 통해 시간, 비용, 품질이라는 변수에 따라 프로세스가 조정되며, 이는 효과성(품질에 초점을 둔 외부적 관점)과 효율성(시간과 비용에 초점을 둔 내부적 관점)이라는 두 가지 측면에서 설명된다. 프로세스의 효과성은 "프로세스가 최종 고객들의 요구를 얼마나 충족시키는가?" 또는 "하위 프로세스가 1차 프로세스의 요건들을 얼마나 충족시키는가?"라는 질문에 기반한다. 이런 질문은 고객의 불만사항, 보증 비용, 수익, 감소하는 시장점유율, 지연되는 매매 등을 척도로 한다.

프로세스의 효율성은 "프로세스가 얼마나 빠르고 비용은 얼마나 절감되는가?"라는 질문을 바탕으로 한다. 또한 이런 질문들은 리드타임lead time(제품 하나를 생산하는 데 소요되는 시간—옮긴이), 자원 배치, 한 단위의 생산물당 지연시간 등을 척도로 삼는다.

6단계: BPR을 운영 측면에서 실행한다

BPR은 그 자체로 재설계와 조직 혁신이라는 주요한 두 단계를 거쳐 실행된다. 재설계 단계는 "우리는 그것을 왜 하고, 왜 그런 방법을 사용하는가?" 또는 "다른 방법은 없는가?" 같은 질문을 전제로 프로세스를 창의적으로 재설계하는 과정이다. 세부 단계를 거치기 전에 활동 전체를 설계하는 것이다. 나아가 프로세스를 활동 자체보다 최종 생산물과 고객만족에 초점을 맞춘다. "누가(조직 단위 책임), 무엇(활동, 직무)을, 무엇(필수 정보)을 가지고, 언제(시간, 유인 이벤트, 기간), 해야 하는가?"라는 질문을 전제로 운영 측면에서 프로세스를 재설계하는 것도 조직 혁신의 일환이다.

7단계: 끊임없이 점검하고 지속적으로 신규 프로세스를 개선한다

핵심성과지표를 활용해 목표 대비 실제 수치를 비교하면서 신규 프로세스를 관리한다. 이는 BPR의 마지막 단계이자 지속적으로 실천해야 하는 과정이다. 이후에는 프로세스가 계속해서 향상되면서 전략이 분명해지고 경쟁력이 유지된다. 비즈니스 활동은 한순간에 극적으로 바뀌지 않는다. 이런 프로세스가 지속적으로 향상되지 않는다면(또는 기업 전략이 바뀌지 않는다면) 몇 년 이내에 새로운 BPR 프로젝트를 긴급히 실행해야 한다.

이와 같은 일곱 단계를 거친다 해도 BPR은 내부 상황, 업종, 상품, 외부 환경에 따라 매우 다양한 형태를 나타내기도 한다. 그럼에도 1990년대 초 해머와 챔피는 수많은 프로젝트에 적용되는 일관된 다수의 규칙들을 개념적으로 잘 정립했다.

재설계 단계에서는 특히 다음의 변화가 반복해서 일어난다.[55]

- 여러 작업이 하나로 통합된다.
- 작업자들이 스스로 의사결정을 한다.
- 프로세스가 자연스런 순서에 따라 실행된다.
- 프로세스가 다양한 형태로 실행된다.
- 업무는 가장 적합한 장소에서 수행된다.
- 점검과 통제가 줄어든다.
- 조정이 최소로 이뤄진다.
- '사례 관리자case manager'가 단일 접촉점을 제공한다.
- 중앙집중식과 분산식이 결합된 운영이 널리 실행된다.

또한 조직 혁신은 다음과 같은 변화로 이어진다.[56]

- 업무 단위가 기능 부서에서 프로세스 팀으로 바뀐다.

- 업무가 단순 과제에서 다차원적 작업으로 바뀐다.
- 직원들의 역할이 통제를 받는 위치에서 스스로 권한을 가지는 위치로 바뀐다.
- 업무 준비가 훈련에서 교육으로 변화한다.
- 성과 측정과 보상의 잣대가 활동에서 결과로 바뀐다.
- 승진의 기준이 성과에서 능력으로 바뀐다.
- 가치가 방어적인 것에서 생산적인 것으로 바뀐다.
- 관리자가 감독자에서 코치로 바뀐다.
- 조직 구조가 수직에서 수평으로 바뀐다.
- 경영진이 '성과 기록자'에서 리더로 변모한다.

한편 BPR을 실행해도 ○○○ 요건을 갖추지 못하고 위의 변화를 ○○○○ 못하는 경우도 종종 발생한다. 이는 BPR을 비용 절감의 목적으로만 실행하기 때문이다. 그 결과 BPR을 실행하더라도 전략적 최적화와 업무 방식의 개선에 집중되지 못한다. 이런 경우 지속적인 생산성 증대로 이어지지 않으며, 조직 운영을 개선하려면 인력 감축이 불가피하게 된다.

이런 문제를 해결하기 위해 1990년대 중반에 두 가지 구성요소, 즉 변화 관리와 통합적 관점을 BPR에 추가했다. 이 접근법은 '기업 변신corporate transformation'으로 알려져 있다. 이는 사업부서, 조직 문화, 구성원 등 조직의 모든 요소를 재조직해 실제로 전략적 변화를 꾀하는 폭넓고 사전 예방적인 프로세스다.

이 프로세스에 따르면 경영진의 끊임없는 헌신, 통합적인 체계, 새로운 비전 공유가 기업 변신의 핵심 요인으로 작용한다. 운영 관점에서 전 직원이 변화에 동참하는 가운데 직원 개개인의 고충을 고려하고 모든 프로세스와 사업 영역에서 혁신을 이루는 데 목표를 두어야 한다. 또한 성공적인 변신을 위해 목표를 치밀하게 관리해나가야 한다. 끊임없이 결과를 점검하고 개선해나가며, 장기간의 진행 과정을 모두 간파해야 한다는 의미다.

BPR은 흔히 '감사audit-재설계redesign 및 조직 혁신-실행implementation'의 세 단계로 구분하지만, 실제로는 앞에서 설명한 일곱 단계에 따라 진행된다.

BPR과 기업 혁신은 프로세스가 구현되기 전까지 1년 이상이 걸리는데, 조직 규모에 따라 수년이 걸리기도 한다. 그래서 기업들은 이런 프로젝트를 운영할 때 직원 대표단을 비롯해 운영위원회, 태스크포스팀, 프로젝트 관리자와 함께 자체 프로젝트 조직을 운영한다. 기업 내부의 직원이나 외부 컨설턴트 같은 프로젝트 담당자들은 목표 달성을 위한 직무를 분담하고, 프로젝트가 끝난 뒤에는 신규 프로젝트가 시작될 때까지 활동 관리 시스템을 통해 관리를 받는다.

어느 시공 회사의 BPR 실행 사례

한 시공 회사의 BPR 시행 사례를 소개하고자 한다.[57] 이 회사는 전기, 전자, 벽돌공사 등 직능에 따라 각 부서가 이익책임단위profit center(분권적 관리에 기초하는 기업의 이익 관리 단위—옮긴이)가 되는 형태로 조직이 구성되어 있었다. 이와 같은 구조에 따라 각 부서의 책임자가 매출, 원가, 수익을 책임졌다. 동부, 서부, 남부, 북부의 주요 사업부 네 곳도 이런 조직 구조를 갖추고 본사의 관리를 받았다. 일반적으로 여러 부서가 동원되는 프로젝트는 본사가 중심이 되어 관리했다. 그러나 이익책임단위의 책임자들이 각자의 프로젝트에 우선순위를 둔 나머지 일정을 합의하기가 어려웠고 유휴시간이 늘어나는 바람에 고객들이 불편을 겪었다. 뿐만 아니라 주문처리가 원활하지 않아 고객들의 불만이 높아졌고 이는 곧바로 재무적인 손실로 이어졌다.

이 문제를 정면 돌파하기 위해 회사의 경영진은 효율적인 고객 중심의 프로세스를 구축했다. 먼저 포괄적 감사를 실시했는데, 여

그림 28 **실제 BPR 실행 프로세스**

	수집 · 조사	계획 수립	실행	청구	
세부 단계	•수집 · 조사 •사전계획 수립 •건축가 · 고객	•현장회의 1 •계획 수립 •견적서 작성, 견적 확인 •계획안 요청 •가격비교 목록 •현장회의 2 •세부 계획, 기술 실행 계획 •지불 계획 •계획 전반 정리 •현장회의 3 •정리, 프로젝트 자료, 시공일정	•세부 자원, 자재, 하청 계획 •자재 주문, 설비 및 하청 일정 수립, MRP* •운영상의 실행 •변경 · 추가 요청	•수납 •견적 확인 •현장 측정 •청구 •실제원가 계산	**22단계**
직능	•PC책임자 •관리담당자(영업)	•PC책임자 •현장관리자 •관리담당자	•PC책임자 •관리담당자 •현장관리자 •설비담당자 •MRP책임자 •창고담당자	•PC책임자 •MRP책임자 •현장관리자 •관리담당자	**최대 6**
직무	•주요 직무 4	•주요 직무 25	•주요 직무 44	•주요 직무 8	**81개 직무**
가용 인원	•7.18	•41.47	•330.87	•18.80	**398.32 연인원**
인건비	•746,000	•4,080,000	•28,758,000	•1,810,000	**DEM 35,421,000**

*MRP: Material Requirement Planning, 자재소요계획
 PC: Profit Center, 이익책임단위
*핵심 프로세스의 주요 4단계별로 대략 연인원 400명[58]이 투입된다.

그림 29 **프로젝트 실행 과정에서 축적되는 문제와 지역별 문제의 심각성**

		계획 수립	실행	청구
실행 과정에서 축적되는 문제		•자유 시장에서 결함 있는 계획 수립 •현장관리자의 시간 낭비 •지불계획 누락	•비효율적 일정으로 인한 시간 낭비 •장비 과잉과 인력 부족 •비효율적 자재 운송 •하청업체의 일정 불만 •사전설계 기회 불충분 •사전설명 부족 •안전지침 비공지 •세부 계획 공표 시기의 부적절 •현장에서 상호 협조 및 통제 불가 •하청업체 통제 불가 •계약 추가 사항 기록 지연 •과중한 재작업량 •완전한 내부 수용 불가 •비활용 자재의 낮은 반환율 •현장 측정 지연(공사를 마친 후)	•재정 관리를 위한 목표 성과 비교 및 실제원가 계산 적용 불가 •대금 청구 및 현장 측정 지연 •독촉절차 지연
지역별 문제의 심각성	북부	중	상	하에서 중
	동부	중	상	하
	남부	하에서 중	중에서 상	중
	서부	중	중에서 상	중

러 차례 워크숍을 열어 실제로 적용할 핵심 프로세스를 고안해냈
다. 그런 다음 직능별 원가 분석을 실시해 작업의 종류, 시간, 비용
등을 산정했다. 그 결과를 [그림 28]에서 자세히 설명하고 있다.[59]

[그림 28]을 보면 실제 실행 프로세스가 꽤 복잡하다는 사실을
분명히 알 수 있다. 44개 직무를 수행하는 데 가용 인원과 인건비

그림 30 목표 프로세스의 초기 세부 단계 및 책무 범위

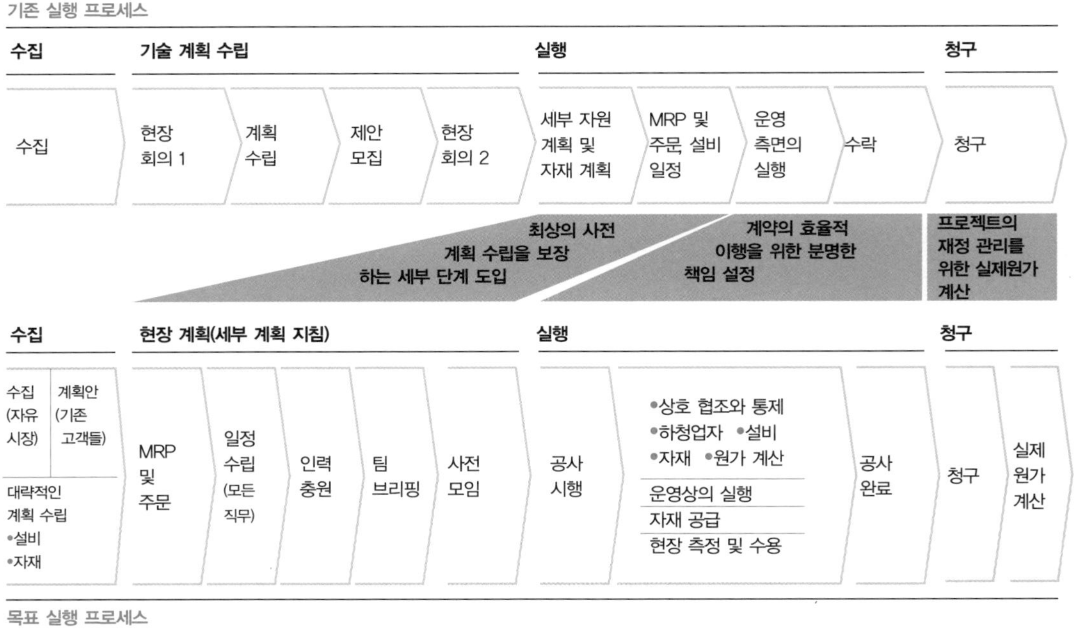

기존 실행 프로세스

수집	기술 계획 수립	실행	청구

수집

현장 회의 1 → 계획 수립 → 제안 모임 → 현장 회의 2

세부 자원 계획 및 자재 계획 → MRP 및 주문 설비 일정 → 운영 측면의 실행 → 수락

청구

최상의 사전 계획 수립을 보장하는 세부 단계 도입

계약의 효율적 이행을 위한 분명한 책임 설정

프로젝트의 제정 관리를 위한 실제원가 계산

수집	현장 계획(세부 계획 지원)	실행	청구

수집

계획안 (기존 고객들)

계획안 (지양 시장)

대략적인 계획 수립
• 설비
• 자재

MRP 및 주문 → 일정 수립 (모든 직무) → 인력 충원 → 팀 브리핑 → 사전 모임 → 공사 시행 → 공사 완료

•상호 협조와 통제
•하청업자 •설비
•자재 •원가 계산
운영상의 실행
자재 공급
현장 측정 및 수용

청구

실제 원가 계산

목표 실행 프로세스

의 80퍼센트 이상이 묶여 있다. 반면에 계획 수립 단계는 비교적 간단하다. 고객의 불만사항과 내부 환경을 좀 더 분석해본 결과, 복잡한 프로젝트 실행 과정이 기업 전반에 약점이 되었다는 사실이 드러났다.

[그림 29]처럼 프로젝트를 실행할 때 나타나는 문제들을 밝힌 다음 주요 프로세스를 설계하고 구축하는 접근법을 도출했다. 공정한 프로세스를 설계하기 위해 의뢰인도 이 과정에 참여하게 했다. 이어서 수차례에 걸친 워크숍과 세미나를 통해 마침내 목표로 한 프로세스를 구축했다.

[그림 30]을 보면 목표 프로세스에서 기존 프로세스의 실행 단계 두 가지가 계획 단계로 세분화되었고(계획을 치밀하게 세워야 작업을 효율적으로 처리할 수 있다) 세부 계획 지침에 따라 작업이 실행된다는 사실을 알 수 있다. 여기에 프로젝트의 책무 범위도 분명해졌다. 직무나 부서 중심의 프로세스에서 탈피해 프로세스 관점과 그에 따른 고객만족에 초점을 맞췄기 때문이다.

마지막으로 중요한 사실은 실제원가 계산을 최후 단계로 통합하면서 사상 처음으로 프로젝트 단계에서 비용 관리를 하게 되었다는 점이다. 위의 목표 프로세스에서는 본래 목표 고객이나 프로젝트의 기획 및 실행 단계에 참여한 건축가와 하청업자의 수 또는 두

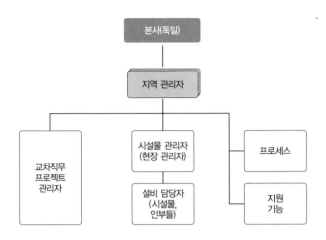

그림 31 │ 새로운 조직 구조

본사(독일)

지역 관리자

교차직무
프로젝트
관리자

시설물 관리자
(현장 관리자)

설비 담당자
(시설물,
인부들)

프로세스

지원
기능

요인이 모두 변수가 되었다. 그리고 참여 범위도 변수로 작용했다. 하지만 초기 계획 단계에서 가능한 한 많은 활동을 준비하고 계획해 고객의 요구를 빠르고 원활하게 충족시킨다는 개념은 모든 변수에 동일하게 적용되었다. 아울러 이러한 신규 프로세스의 범위 내에서 조직 단위로 수행되는 기능도 분명히 해야 했다. 그 결과 [그림 31]처럼 기존의 조직 기능 모델이 새로운 조직 구조로 전환되었다.

[그림 31]을 보면 바뀐 조직 구조에서는 더 이상 부서별로 사업

을 관리하지 않는다. 이제 경영자 혼자 사업 전반을 책임지는 구조에서 탈피해 각 지역별 관리자가 해당 지역에서 비즈니스 전반을 운영하며 영업, 비용, 수익을 책임지는 구조로 바뀌었다. 이들 산하에 있는 각 사업장에는 교차 직무를 하는 다수의 프로젝트 관리자들이 있고, 그들이 개별 프로젝트를 운영하면서 정보 수집 활동도 펼쳤다(지역 관리자나 전반 관리자와 연계했다).

프로젝트 관리자가 아닌 그 밖의 설비 담당자들은 '시설물 관리자'의 감독을 받았다. 시설물 관리자는 해당 사업부에서 모든 장비를 관리하고 모든 설비 담당자들을 배치하는 책임을 지면서 인력을 차질 없이 확보했다. 이러한 모든 결과를 통해 조직 구조에는 신규 프로세스 개념이 반영되었고 기존의 부서 중심의 개념은 사라졌다.

[그림 32]는 목표 프로세스와 새로운 직능을 조화시킨 세부 프로세스의 경로(지침)를 보여준다.

이와 같은 핵심 프로세스는 직능별 활동을 80페이지가 넘는 문서로 정리함으로써 직원들에게 앞으로 실행할 프로젝트에 대해 최적의 지침을 제공했다. 실행 단계에서는 먼저 파일럿 프로젝트를 여러 차례 실행해 프로세스를 시험한 뒤 신규 프로세스와 책임 분

그림 32 기존 프로세스에 새로운 작동이 결합된 목표 프로세스 경로

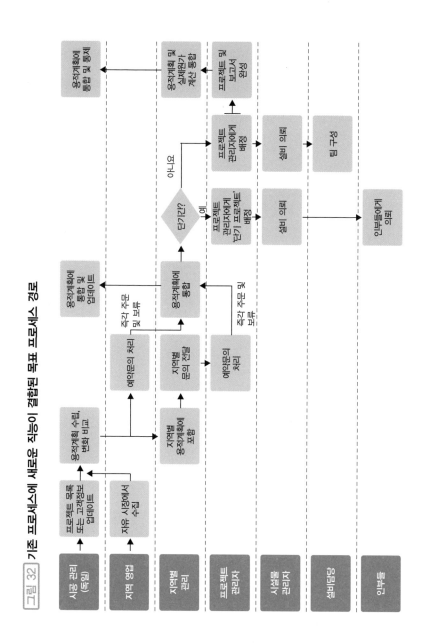

배(일부는 새로 할당되었다)에 대해 직원들을 강도 높게 교육했다. 그 결과 프로젝트가 신속하고 원활하게 실행되면서 고객만족도가 올라갔고, 사업 전반의 수익률이 개선되었다.

전략적
브랜드 관리

오늘날 사업 단위나 계열사들이 그 자체로 브랜드를 형성하고 있어 전략적 브랜드 관리를 전략적 사업 단위 관리와 유사한 개념으로 취급하고 있다. 그러나 순수한 제품 브랜드라고 해도 전략적 측면에서 고려해야 성공할 수 있다. 이와 관련해 하버드 대학 시어도어 레빗Theodore Levitt 교수가 1979년에 결정적 개념을 정립했다.

고객이 왕으로 군림하고 한 치 앞을 내다볼 수 없는 역동적인 시장 환경에서 지속적인 성장을 달성하고자 하는 기업은 고객의 관점에서 시장을 바라봐야 한다는 것이다. 레빗 교수는 미국의 철도 회사들을 예로 들었다. 당시에 철도 회사들은 자신들이 운송 회사가 아니라 철도 회사라는 관념에 사로잡혀 고객 관련성을 떨어뜨렸다. '운송'을 고객의 니즈로 보지 않고 '철도'가 상품이라는 개념에 전략의 초점을 맞추고 있었던 것이다. 이로 인해 철도 회사들은 초기의 경쟁우위를 상실하고 급성장한 수요를 자동차, 트럭, 항공 운송업계에 빼앗기고 말았다.[60]

따라서 기업들은 다음 질문들을 통해 전략적 브랜드 관리의 기본 개념과 부수적인 측면을 세심하게 고려해야 한다.

• 전략적 브랜드 관리란 무엇인가? 이 개념은 어떻게 발달되었으며 이 개념의 구성요소와 특징은 무엇인가?

• 브랜드 가치란 무엇이고 어떻게 측정하는가? 브랜드 가치를 뒷받침하는 것은 무엇인가?

• 향후 브랜드 관리를 어떻게 할 것인가? 당장 해결해야 할 문제들은 무엇인가?

• 브랜드 포지션brand position(경쟁 브랜드들과 비교해 소비자의 마음속에 차지하는 브랜드의 상대적 위치-옮긴이)을 어떻게 확인하며, 목표 포지션을 차지하려면 브랜드를 어떻게 개발해야 하는가?

브랜드 관리, 복잡하지만 필수 불가결한 경영전략

브랜드는 1980년대 후반 이후 기업 실무자들과 학자들 사이에서 중요한 개념으로 대두되었다.⁶¹⁾ 이와 같은 트렌드를 조성한 요인 중 하나가 바로 포터가 도입한 시장 중심의 전략 관점이다. 브랜드 관리는 SWOT분석과 시장 중심의 관점을 근간으로 한다. 공급자 시장에서 구매자 시장으로 전환된 것도 하나의 요인으로 작용했다. 제품 및 생산 중심의 관점이 지배적이었던 모든 소비재 시장에서 이런 변화가 일어났다.

1950년대 초반의 경제 호황과 풍요로운 환경에서 공급자들은 기술 혁신이 되는 것이라면, 또 상업적 견지에서 단위원가를 낮추는 것이라면 무엇이든 생산했다. 당시의 시장에서 고객들은 이런 제품들을 초기 구매로 사들였지만, 시장은 갈수록 포화되었고 1970년대 중반에는 거의 모든 가정에 전화기와 TV, 자동차까지 보급되면서 생산자들은 갈수록 압박을 느꼈다. 이런 상황에서 공급자들은 고객을 확보하려고 치열하게 경쟁하는 한편 고객들이 재구매를 하거나 구모델을 교체하도록 유도해야 했다. 그러다 보니 마케팅이 기업 경영의 핵심 요건으로 자리잡게 되었다.

이제는 생산 부문이 마케팅 부문과 연계해야 고객의 니즈에 부합할 수 있고 나아가 구매자 시장에서 성공을 거둘 수 있다. 오늘날까지 살아남은 소비재 기업들은 명백히 이런 관점에서 경영을 하고 있다. 그들은 헌신적인 마케팅 책임자나 경영진을 보유하고 있다. 그런데 마케팅과 브랜드 관리를 최고경영자가 직접 담당하지 않고 마케팅 담당자나 책임자가 따로 있는 경우가 많다. 이는 엄청난 실수를 저지르는 것이다.

전략적 브랜드 관리는 특정 제품이나 제품군에 대한 고객충성도를 유지하는 활동이다. 이런 활동으로 성장과 매출이 보장된다면 당연히 최고경영자는 브랜드 관리를 기업 전략의 핵심에 두어야 한다. 소비재 시장(내구재와 비내구재 모두)에서는 아무런 제한 없이 브랜드 전략을 실행할 수 있다. 반면에 일부 자본재capital goods 시장과 위탁생산contract manufacturing 시장에서는 공급자 시장이 우월한 형태를 나타낸다.

물론 모든 제품이 브랜드를 가지고 있는 것은 아니기 때문에 이런 전략을 무조건 적용할 수는 없다. 신생 기업들이 내놓는 신제품이나 서비스를 보면 흔히 제품의 고유한 특성을 식별하는 표시, 즉 제품명이나 로고를 발견할 수 있다. 그것이 바로 상표인데, 효과 없는 브랜드인 경우가 대부분이다. 신제품은 경쟁 시장에서 고객들을 통해 입증될 때 가장 강력한 브랜드로 거듭나게 된다. 다시 말해 제품이 고객에게 영향을 미쳐야 하는데, 소비자 사이에서 긍정적이고 확실한 이미지로 자리잡을 때 제품은 비로소 브랜드로 정립된다. 이처럼 제품이 소비자의 머릿속에 하나의 브랜드로 자리잡기까지는 수년에 걸친 혁신이 거듭되어야 한다.

제품이 브랜드로 정립되면 브랜드 중심에 브랜드 코어brand core(브랜드 심장부)가 자리를 잡는다. 브랜드 코어는 불변의 브랜드 가치와 브랜드를 연상시키는 기억 구조로 이뤄진다. 또한 감정적 측면 및 관련성과 같은 무형의 속성, 상품의 기능성을 보여주는 유형의 속성, 상품의 외관을 보여주는 물리적 속성을 지닌다.

그림 33 | **브랜드의 양파 모델**

브랜드 수정은 대부분 브랜드의 정체성과 충성도를 형성하는 물리적 속성이나 기능적 속성에 변화를 줌으로써 이뤄진다. 예컨대 마가린의 포장을 바꾸거나 풀리는 특성을 개선한다. 니베아Nivea나 코카콜라Coca-Cola처럼 수십 년 동안 강력한 브랜드 코어를 유지하는 힘은 바로 브랜드 관리에 있다. 브랜드 관리를 소홀히 하면 브랜드에 심각한 손실을 입힐 수 있다.

대표적인 예로 글로벌 석유 회사 로열더치쉘은 1995년에 석유 굴착 장치인 브랜트 스파brent spar를 해저를 매몰하려다 독일 국민들의 원성을 사서 결국 계획을 접고 말았다. 이 사건으로 로열더치쉘은 독일에서 시장점유율을 잃었고, 브랜드로 옮겨 붙은 고객들의 부정적 감정을 아직까지 해소하지 못했으며 실제로 상당한 수준의 브랜드 경쟁력을 상실했다.

기업이 다양한 범위의 제품 및 제품군을 운영하고 다수의 사업 부문들로 복잡하게 얽혀 있다 해도 브랜드 코어를 내재하고 있다. 기업들의 브랜드 코어는 기업의 내적 가치("우리는 무엇을 신봉하는가?"라는 질문을 전제로 한다)를 기반으로 한다. 기업은 가장 먼저 내적 가치를 가치 제안value proposition(고객의 욕구를 충족시키기 위해 제공하는 이점의 총합-옮긴이)으로 전환해야 한다.

이때 가치 제안은 "우리의 표적 고객 집단을 위해 어떤 가치를 창출해야 하는가?"라는 핵심 질문을 전제로 한다. 다음으로 이 가치 제안을 "우리의 표적 고객 집단에 무엇을 전달해야 하는가?"라는 질문을 전제로 브랜드 약속brand promise(외부 고객, 즉 물건이나 서비스를 구매하는 고객에게 브랜드에 대한 믿음을 보여주기 위한 규범 또는 규정-옮긴이)으로 전환한다. 브랜드 약속은 기업의 슬로건과 동일한 경우가 많다.

이러한 과정을 제대로 거치는 기업은 제품의 복잡성과 무관하게 브랜드 코어를 유지할 수 있을 것이다. 한편 표적 고객 집단은 이런 기업의 브랜드 약속과 가치 제안을 체험하게 된다. 기업 구성원들이 추구하는 브랜드 코어가 제품에 내재되어 실제 내적 가치로 나타나기 때문이다.

[그림 34]는 양방향으로 이뤄지는 기업의 브랜드 코어 설계 프로세스와 BMW의 사례를 보여주고 있다.

BMW의 슬로건 '운전의 즐거움'에 담긴 브랜드 약속은 내적 가치를 통해 나타나며 제품과 BMW 직원들의 태도에서도 드러난다. 그러므로 브랜드 코어를 설계할 때는 다음 사항을 유념해야 한다.[62]

• 내적 가치는 되도록 시장 지향의 형태를 취해야 한다.

- 가치 제안은 내적 관점이 아니라 외적 관점에서 확립해야 한다. 다시 말해 가치 제안은 잠재 고객들의 기대와 니즈에 부합해야 한다.
- 표적 고객 집단의 이익을 구체적으로 표현해야 한다.
- 고객의 감성을 자극하는 표현을 쓴다(정서적 동기로 의사결정을 내리는 경우가 많기 때문이다).

이와 같은 사항에 유의하면서 [그림 34]의 프로세스를 실천한다면 정체성이 확실하고 차별화된 브랜드 코어를 구축할 수 있다.

그림 34 **기업의 브랜드 코어 설계 프로세스**

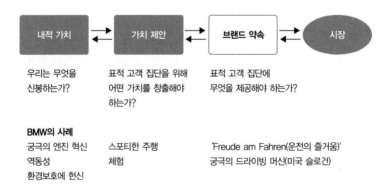

내적 가치	가치 제안	브랜드 약속	시장
우리는 무엇을 신봉하는가?	표적 고객 집단을 위해 어떤 가치를 창출해야 하는가?	표적 고객 집단에 무엇을 제공해야 하는가?	

BMW의 사례

궁극의 엔진 혁신	스포티한 주행	'Freude am Fahren(운전의 즐거움)'
역동성	체험	궁극의 드라이빙 머신(미국 슬로건)
환경보호에 헌신		

브랜드는 소비자들이 복잡한 제품 시장에서 올바른 선택을 하는 데 필요한 응집된 정보다. 따라서 기업은 브랜드를 경쟁자와 차별화하는 일차적인 도구로 삼아야 한다. 터키 마르마라 대학의 카르스텐 바움가르트Carsten Baumgarth 교수는 브랜드를 다음과 같이 정의했다.

"고객에게 친숙하고 경쟁 제품과 차별화되는 이미지를 나타내어 결국 고객이 선호하게 만드는 제품 이름, 표현, 상징, 상표, 디자인 또는 이것의 조합이다."[63]

전략적 브랜드 관리(또는 브랜딩)는 고객충성도를 장기간 유지하고 브랜드를 강화한다는 목표를 근간으로 브랜드가 이미 구축되었거나 확실히 정립되었을 때 실행한다. 브랜딩의 목표를 달성하려면 우선 관련 시장과 경쟁 영역에서 차지한 포지션을 정확히 이해해야 한다. 이런 이해를 바탕으로 기업 경영자는 다음의 네 가지 차원에서 정기적으로 의사결정을 내려야 한다.

첫 번째, 브랜드의 범위다. 하나의 브랜드 아래 얼마나 많은 제품을 배치할 것인가? 예컨대 기업 전략에 따라 GE의 브랜드(GE는 M&A를 하더라도 인수 회사에 GE 브랜드를 붙였다 — 옮긴이) 같은 엄브렐러 브랜드를 통해 양육우위를 창출할 것인지, 단일 브랜드를 운영할 것인지 명확하게 따져야 한다.

두 번째, 브랜드의 깊이다. 하나의 사업 단위에서 얼마나 많은 브랜드를 관리할 것인가를 고민해보고 기업 전략에 따라 경쟁우위를 고려한다. 예컨대 골프Golf, 루포Lupo, 파사트Passat, 페이톤Phaeton 등의 브랜드를 보유한 폴크스바겐Volkswagenwerk 같은 멀티 브랜드 전략은 단일 브랜드 전략에 비해 경쟁우위를 얼마나 확보할 수 있을까?

세 번째, 브랜드 계층 구조다. 서로 다른 브랜드들이 어떻게 서열관계를 이루고 있는가? 왜 페이톤은 아우디Audi, 사에트Seat(폴크스바겐이 소유한 회사—옮긴이), 벤틀리Bently 같은 상위 브랜드가 아니고 폴크스바겐의 하위 브랜드에 위치하고 있을까?

네 번째, 브랜드 포트폴리오다. 기존 브랜드들을 어떻게 효과적으로 관리할 것인가? 이는 전략 포트폴리오에 따라 브랜드의 역할(전략 브랜드, 명품 브랜드, '캐시카우' 상품군 등) 및 포트폴리오의 전반적인 지속 가능성과 관련되어 있다.

이와 같은 질문들이 전략의 핵심 개념과 통한다는 점을 감안할 때, 기업의 이사회나 최고경영자가 이 질문들의 답을 구해야 한다는 사실은 더욱 분명해진다. 답을 구한 뒤에는 마케팅 믹스64) 도구를 활용해 표적 시장에서 마케팅 활동을 펼친다.

전략적 브랜드 관리는 당연히 브랜드 가치를 증대하는 것을 목표로 한다. 제품의 가치가 브랜드를 형성하고, 그 결과로 브랜드의 부가가치가 형성되기 때문이다.[65] 브랜드 가치는 일반적인 측면에서 브랜드, 브랜드명, 브랜드 상징과 관련된 이점과 약점을 나타내고 제품이나 서비스의 가치를 높이거나 낮추는 기능을 한다.[66]

경제적 측면에서 브랜드 가치는 브랜드를 통해 현재 또는 미래에 얻을 수 있는 이익을 금액으로 환산한 것으로 기업 가치를 높이는 기능을 한다. 마케팅의 측면에서는 브랜드로 인해 제품에 부여된 가치가 브랜드 가치를 의미한다. 경쟁사의 동종 제품보다 시장에서 큰 인기를 얻고 있다면 경쟁사와 구분되는 제품의 특성들이 브랜드 가치를 형성한다. 동종 제품과 뚜렷하게 구별되고 차별성이 높아질수록 브랜드 가치는 더욱 상승한다. 마케팅의 측면에서는 브랜드 가치를 어떻게 올리고 어떻게 증대할 것인가 하는 행동과학의 문제가 브랜드의 경제적 가치보다 더 중요하게 취급된다.

브랜드 컨설팅 회사인 인터브랜드Interbrand[67]는 기업들의 브랜드 가치를 평가해 그 결과를 매년 〈비즈니스위크BusinessWeek〉에 게재하고 있는데, 평가 방법을 공개하지 않고 단지 정량적으로 평가한 결

그림 35 세계에서 가장 가치 있는 20개 브랜드의 브랜드 가치 상승 수준

(기간: 2000~2009년)

브랜드	상승 정도	브랜드	상승 정도
코카콜라	-5%	메르세데츠	+14%
마이크로소프트	-19%	시티뱅크	-47%
IBM	+13%	휴렛패커드	+14%
GE	+26%	아메리칸 익스프레스	-6%
인텔	-21%	질레트	+35%
노키아	-10%	BMW	+69%
디즈니	-18%	시스코	+10%
맥도날드	+14%	혼다	+20%
도요타	+63%	포드	-81%
말보로	-14%	소니	-25%

과만을 공개한다. 그러나 다양한 평가 방법이 있으며 그것에 따라 결과가 달라진다는 점에서 인터브랜드의 평가 결과를 완전히 신뢰하기란 어렵다. 그럼에도 불구하고 이런 평가 결과는 상표권을 매매하거나 라이선스 가격을 계산하거나 손해를 산정하는 데 기준이 된다. 따라서 무엇보다도 장기적인 관점에서 트렌드를 고려하는 것이 중요하다. 인터브랜드의 평가 방법을 통해 브랜드 가치가 얼마나 상승했는지 평가해보는 것이다.

[그림 35]를 보면 2000년에서 2009년까지 세계에서 가장 가치

있는 브랜드 20개 중 브랜드 가치가 상승한 브랜드 10개를 확인할 수 있다. 이러한 평가 결과는 전략적 브랜드 관리가 얼마나 중요한지 다시 한번 일깨워주고 있다.

경제적 측정과 다르게 고객과 고객의 선호도를 따지는 행동과학 영역에서 유래한 평가 방법도 있다. 평점 모형scoring model에서 전체 점수를 계산하거나 다차원척도법multidimensional scaling으로 지각 매트릭스perception matrix에 브랜드의 위치를 정하는 방법이다.[68] 행동과학의 관점에서 보는 브랜드 가치는 다섯 가지 구성요소를 갖고 있는데, 이들 구성요소 중에는 상호 종속하는 요소도 있다.[69]

첫째, 브랜드 충성도brand loyalty다. 고객과 고객만족도를 우선순위에 두고 고객들이 장기간 브랜드를 선호하도록 유도한다.

둘째, 브랜드 인지도brand awareness다. 고객들은 친숙한 브랜드를 선호하기 때문에 브랜드를 널리 알린다.

셋째, 지각된 품질perceived quality이다. 품질에 대한 고객들의 인식(상대적이고 주관적인 인식)을 높인다. 이런 인식은 구매 결정과 브랜드 충성도에 직접적인 영향을 미친다.

넷째, 브랜드 연상brand associations이다. 고객들이 브랜드를 보고 느끼는 느낌이나 신념, 지식 등을 풍부하게 한다. 이것 또한 구매 결정에 긍정적 영향을 미친다(재규어나 포르쉐는 브랜드에 특정한 라이프

스타일을 반영하고 있다).

마지막으로, 기타 브랜드 자산brand assets이다. 특허, 상표, 판매망 같은 브랜드 우위를 확보해 브랜드 충성도를 유지한다.

이와 같은 다섯 가지 구성요소에 주안점을 두고 고객과 기업을 위한 가치를 창출한다는 목표를 달성할 때 브랜딩(전략적 브랜드 관리)에 성공할 수 있다.

[그림 36]은 브랜드 가치가 갖고 있는 다섯 가지 구성요소와 각각의 이점들을 보여주고 있다.

시장 가치가 높은 강력한 브랜드는 다음과 같은 특성을 보인다는 점에서 시장에서 우위를 선점하기 마련이다.

- 자사 제품을 경쟁사 제품과 차별화한다.
- 가격 프리미엄을 갖는다.
- 확고한 고객 기반이 있다.
- 시장 진입장벽이 된다.
- 신제품을 개발하거나 제품의 수명주기(벤츠 E클래스의 사례)를 늘림으로써 브랜드를 확장하는 데 좋은 기반이 된다.
- 선호도가 분명한 신규 고객을 확보한다.

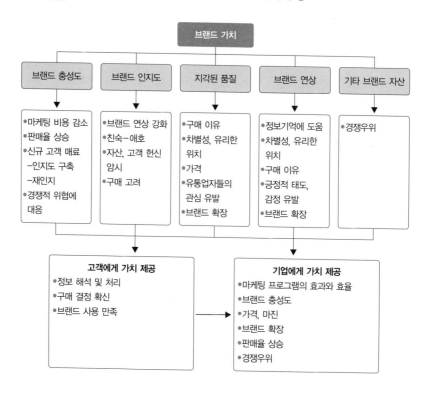

그림 36 | 행동과학의 관점에서 본 브랜드 가치 및 5가지 구성요소[70]

그러나 아무리 강력한 브랜드라 해도 잠재 위험은 따르기 마련이다. 위험은 대부분 기업 내부에서 비롯된다.

첫째, 강력한 브랜드는 태만을 초래한다. 과거의 성공에 도취된 나머지 점점 브랜드 통제력을 상실하게 된다.

둘째, 영업 위기 상황에서 영업 책임자가 단기간에 판매율을 높이려고 제품 가격을 할인할 우려가 있다. 이로 인해 고객들은 늘 할인된 가격을 고대하고 어느 순간 브랜드가 '싸구려(낮은 브랜드 가치)'로 인식되어 그 결과 브랜드와 브랜드 가치가 계속해서 훼손된다.

셋째, 브랜드 코어와 브랜드 확장 가능성을 신중히 검토해야 한다. 판매율을 높이려고 성급하게 브랜드 확장을 시도하다가 오히려 브랜드 가치를 떨어뜨릴 우려가 있다.

이처럼 브랜드 가치는 여러 가지 위험을 안고 있다. 따라서 고객과 구매자 시장에 대한 이해와 함께 이미 언급한 내부적 문제와 전략적 브랜드 관리를 실행하는 데 따르는 많은 외부적 문제를 다뤄야 한다.

오늘날의 시장은 갈수록 세분화 및 글로벌화되고 있으며, 새로운 미디어와 미디어 도구가 제품 정보를 무수히 쏟아내면서 제품의 수명주기가 급격히 짧아지고 있다. 제품이 홍수처럼 쏟아져 나오는 시장에서 소비자들은 정보 과부하에 시달리기도 한다.

또 현명한 소비자smart consumers('할인사냥'을 즐긴다), 시스템 비터 system beaters(특가 품목을 기다린다), 혼성 소비자hybrid consumers(상황에 따라 다른 행동을 보인다. 지하철을 타기도 하고 벤츠 S클래스를 몰기도 한다) 같은 시장 세분화를 위한 인구 통계학적 변수와 관련된 심리학적 세분화 고객 유형의 출현과 함께 소비자들의 체험 욕구가 늘고 있다. 이 때문에 소비자들이 브랜드를 교체하는 주기가 갈수록 짧아지고 있다. 이런 환경에서 자사 브랜드private brand(제조업체 제품에 자사 브랜드를 붙여 파는 할인점의 자사 브랜드)가 갈수록 강세를 띠면서 제조업체 브랜드와 경쟁하고 있다.

새롭게 부각된 이 모든 문제들을 고려할 때, 전략적 브랜드 관리는 계속해서 개선해나가야 하는 프로세스다. 기업은 이런 과정을 통해 경쟁적 위치를 파악하고 변화에 신속하게 대응해야 한다.

지금부터 전략적 브랜드 관리의 목표이기도 한 브랜드 분석을 용이하게 하는 '도구주의적 접근법'을 소개하려 한다. 그 전에 "브랜드 이미지는 브랜드를 사용했을 때 반드시 똑같이 느껴지지 않는다."라는 말을 되새겨볼 필요가 있다.[71] 전략적 브랜드 관리는 그 자체로 끝나서는 안 된다. 행동과학의 관점에서 높은 브랜드 가치는 실제 소비로 이어져야 한다.

포지셔닝 분석을 통한 브랜드 평가 사례

오늘날 브랜드의 지위를 파악하고 행동과학의 관점에서 브랜드 가치를 결정하면서 브랜딩의 네 가지 차원을 관리할 때[72] 다변량 분석multivariate analysis, 특히 다차원척도법을 가장 많이 활용하고 있다. 이는 경제와 사회과학 연구 분야에서 나온 정량분석법quantitative analysis method으로서 포지셔닝 분석으로도 알려져 있다.

다차원척도법은 제품과 브랜드 같은 대상이 사람들의 다차원 지각 매트릭스에 위치한다는 개념을 바탕으로 실행한다. 먼저 대상들 사이에 전반적 유사성이 있는지 조사한다. 다음으로 다차원척도법으로 대상들을 지각하는 수준을 평가한다. 마지막으로 대상들을 각자 지각하는 수준에 따라 매트릭스에 위치시킨다.

다차원척도법을 이용한 독일 맥주 시장의 브랜드 포지셔닝을 나타내는 [그림 37]에서 화살촉과의 근접성은 대상들이 얼마나 긍정적으로 지각되고 있는가를 보여준다. 매트릭스에서 대상들 간의 간격은 대상들 간의 상대적 유사성을 의미한다.

그림과 같이 독일 시장의 맥주 브랜드들을 평가한 지 몇 년이 지났지만, 이 사례는 여전히 동종 브랜드들에게 포지셔닝을 할 수 있는 영역을 흥미롭게 보여준다. 가로축과 세로축을 기준으로 두 가지 변수의 범위에서 압축된 정보가 나타나고, 교차점에 따라 긍정적 지각과 부정적 지각으로 범위가 나뉜다. 이 사례에서는 예퍼 Jever의 포지셔닝이 가장 좋고 홀슈텐 에델Holsten Edel의 포지셔닝이

그림 37 다차원척도법을 이용한 독일 맥주 시장의 브랜드 포지셔닝[73]

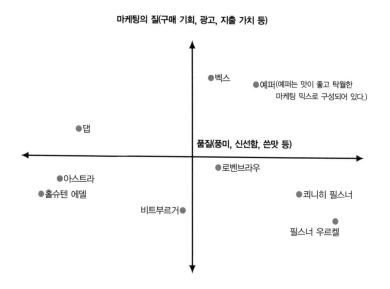

가장 나쁘다. 소비자들은 필스너 우르켈Pilsner Urquell과 벡스Beck's보다 필스너 우르켈과 쾨니히 필스너König Pilsener를 유사 제품으로 인식하는 경우가 많다.

행동과학의 관점에서 브랜드 가치를 평가한다면 예퍼와 벡스가 가장 강력한 브랜드로 꼽힌다. 다른 브랜드들은 모두 상대적 포지셔닝에 따라 개선 가능성이 있으며, 경우에 따라 실제로 개선될 수

그림 38 **다차원척도법을 이용한 온라인 미디어 상품 포지셔닝[74]**

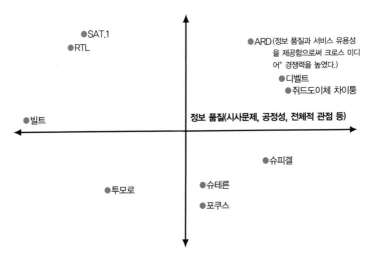

서비스 지향성(동질성, 서비스 등)

●SAT.1
●RTL

●ARD(정보 품질과 서비스 유용성
을 제공함으로써 크로스 미디
어* 경쟁력을 높였다.)
●디벨트
●쥐드도이체 차이퉁

●빌트

정보 품질(시사문제, 공정성, 전체적 관점 등)

●슈피겔

●투모로

●슈테른

●포쿠스

* 크로스 미디어: cross-media, 여러 매체를 교차해서 함께 광고한다는 의미―옮긴이

있다. 또한 이 시장은 최고의 포지셔닝을 단지 두 브랜드만이 차지

하고 있어 신규 브랜드들에게 아주 매력적이다.

　같은 방식으로 최근에 독일의 방송사와 인터넷 주간지들을 분석

했다([그림 38] 참고). 분석 결과 정보 품질과 서비스 지향성의 측면

에서 ARD가 최고로 평가되었다. 민영 방송사들(RTL과 SAT.1)과 빌

트Bild는 정보의 편집은 우수하지만 정보의 품질이 떨어진다는 사실을 알 수 있다. 투모로Tomorrow가 최악의 수준을 나타내는 한편, 슈피겔Spiegel은 온라인 콘텐츠를 풍부하게 제공하고 있지만 상품의 매력도는 그다지 높지 않다. 또한 RTL과 SAT.1이 제공하는 미디어 상품들은 유사성이 매우 높지만, 슈피겔의 상품과 정반대의 특징을 나타낸다.

다소 복잡해 보이는 [그림 39]의 매트릭스는 함부르크에서 열린 공개 행사들의 포지션을 네 가지 수준으로 보여주고 있으며, 그중 세 가지 수준은 비슷한 방향으로 향하고 있다. 행사 참가율이 좋은 일부 행사는 높은 도시 매력도(함부르크항 축제)를 반영하고 있지만, 대부분 응답자들에게 인기가 없고 그들의 기대치에도 못 미치고 있다. 반면에 이처럼 질적 수준에서 긍정적으로 인식된 행사들은 참석률이 매우 저조한 경향을 보인다.

이러한 분석 결과는 행사에 있어 질적 수준과 양적 수준이 서로 경쟁관계에 있는 변수라는 기본 개념을 뒷받침하면서도 개별 행사들의 상호 포지셔닝을 비교해 보여주고 있다. 즉 사람들은 올림푸스 마라톤과 HEW 사이클레식스를 매우 유사한 행사로 인식하는 반면에 마을 축제들은 두 행사와 매우 다른 행사라고 인식한다.

다차원척도법 또는 기타 방법을 이용해 브랜드 가치를 식별하면

그림 39 **다차원척도법을 통한 함부르크 공개 행사 포지셔닝**[75]

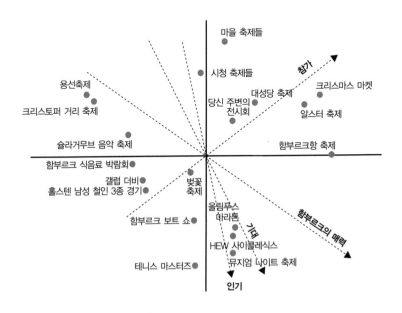

소비자의 지각 매트릭스에서 브랜드의 현재 포지셔닝을 분석할 수 있다. 나아가 브랜드의 포지셔닝을 토대로 전략적 브랜드 관리 차원에서 개선 가능성이 있는 부분을 발견할 수 있다.

이를 위해서는 구체적으로 마케팅 믹스 활동을 통해 브랜드 포지셔닝을 개선할 방법을 찾아야 한다. 임시적으로 실시하는 경제적 분석으로는 향후 브랜드의 성공을 보장할 수 없다. 가능한 길만 파악할 뿐 거기서 더 나아가지 못한다. 따라서 마케팅 대행사들은 늘 브랜드 이미지를 구축하는 문제와 씨름해야 한다.

전략게임

지금까지 전략 경영을 주제로 모든 전략적 도구들과 분석 프로세스를 살펴봤다. 그런데 이들 도구는 여러 관점과 지침이 획일적이라는 근본적인 문제를 갖고 있다. 예를 들어 SWOT분석은 현재 상태를 확인하고 분석 결과를 기반으로 전략적 도구들을 적용하기 위한 것이다. 이것만으로는 시장에 나타나는 '역동적 상호 의존성'을 밝혀내기 어렵다.

여기서는 전략적 도구들이 갖고 있는 이런 '결점'을 보완하는 방법을 소개하고자 한다. 지금부터 소개하는 게임이론game theory을 바탕으로 경쟁 상황을 역동적인 게임으로 모델링하고, 그에 따라 예측하는 관점에서 시장에서 나타나는 작용과 반작용 현상을 분석할 것이다.

다음의 두 가지 질문을 바탕으로 게임이론의 기본 개념과 실제

적용 사례를 살펴보자.

- 게임이론의 핵심 개념은 무엇인가?
- 기업들은 역동적인 시장 환경을 고찰해 전략적 의사결정을 내리는 데 게임이론을 어떻게 활용할 수 있을까?

게임이론, 경쟁관계의 역학적 모델링

게임이론[76]은 전략 행동을 수학적으로 설명하는 이론으로, 의사결정이론decision theory을 보완해주며 의사결정이 요구되는 상황을 분석하는 데 적용된다. 쉽게 말해 게임이론은 경쟁 상황에 있는 주체들이 상호 작용해 표출하는 행동(전략)을 연구할 때 활용된다. 예컨대 경쟁 상황에서는 상호 작용성과 커뮤니케이션의 문제를 다루기도 하는데, 이는 상대방에 대해 많이 알수록 상대방의 행동에 효과적으로 반응하고 행동할 수 있기 때문이다. 이러한 면에서 게임이론은 경쟁 상황에서 최적의 결과를 얻기 위한 전략 접근법이라 할 수 있다. 이때 전략이 꼭 결정론일 필요는 없으며 개연성을 가지고 전략을 취해도 된다.

게임이론의 역사를 살펴보면, 과학자들은 처음에 제로섬zero-sum

게임을 연구하다가 비제로섬non-zero-sum 게임으로 연구의 초점을 옮겼고, 게임이론을 크게 협조적인cooperative 게임이론과 비협조적인 non-cooperative 게임이론으로 나누었다. 존 폰 노이만John von Neumann은 1928년에 게임이론의 수학적 토대가 된 최소최대정리Maximin theorem (보상의 최솟값이 최대가 되는 상황을 선택하는 것을 말한다. 자신의 이익을 계산해 합리적 선택을 한다는 것을 수학적으로 증명한 것이다)를 발표했다. 게임이론은 노이만이 1944년에 오스카 모르겐슈테른Oskar Morgenstern 과 함께 쓴 《게임이론과 경제행태Theory of Games and Economic Behavior》가 발간되면서 본격적으로 발전하기 시작했다. 그러다가 1950년대에 존 내시John Nash가 '내시균형Nash Equilibrium'으로 잘 알려진 균형이론을 발표했다. 내시는 이 연구의 공로를 인정받아 1994년에 노벨상을 수상하기도 했다.[77]

게임이론의 기본 개념을 수학적 측면에서만 이해할 필요는 없다. 게임이론의 특성들은 정성적 측면에서도 활용할 수 있다. 먼저 전략 게임의 근간을 이루는 개념을 명확하게 정리해보자.

- 전략적 상황을 게임의 형태로 모형화한다.
- 게임 규칙으로 누가 언제 무엇을 할지 규정한다.
- 본질적으로 이익 경쟁을 하는 참가자들은 두 명 이상이다.

- 전략은 참가자가 어떤 상황에서나 행할 수 있는 모든 행동이다.
- 특정한 상황에서 참가자가 얻거나 잃는 것을 '손익payoff'이라 한다.
- 모든 참가자들은 합리적으로 선택한다. 어떤 상황에서나 가능한 한 최대의 이익을 얻으려 한다.
- 상대방이 어떤 전략을 선택하더라도 참가자는 자신의 이익을 극대화할 수 있는 전략을 선택한다.

블랙잭이나 모노폴리 카드 게임을 해본 사람들은 위의 개념에 익숙할 것이다. 이런 게임들은 보통 단순한 전략적 상황을 가정하고 진행되지만, 경제나 정치 상황을 모형화하는 게임은 훨씬 더 복잡하다. 게임이론에는 전략적 상황에 쌍을 이루는 다수의 게임 유형들이 있다. 지금부터 게임이론의 기본을 이루는 게임 유형들을 살펴보자.

양자 제로섬 게임two-player-zero-sum game에서는 한 사람이 게임에 이겨서 하나를 얻으면 다른 사람은 반드시 하나를 잃는다. 이 게임에서는 상반된 득실관계 때문에 협력이 이뤄지지 않는다. 쉽게 말하면 동전 던지기처럼 단순한 게임인데, 한쪽이 얻는 이득이 A이면 다른 쪽의 이득은 −A가 되고 두 참가자의 이익을 합하면 항상 0

이 된다. 이런 경우 어떤 의사결정 상황에서든 보상의 최솟값이 최대가 되게 하는 최소최대정리가 균형 상태를 이루는 최적의 해법이 된다.

비제로섬 게임non-zero-sum game에서는 참가자들이 협력을 통해 상황을 개선하기도 하지만, 협력하지 않으면서 상대방의 손실에 비해 더 많은 이득을 올리기도 한다. 현실에서 비제로섬 게임은 '우월적 형태'를 보이며 비협력적 태도가 주를 이룬다. 비제로섬 게임에서 안정된 균형 상태는 참가자들 간의 신뢰가 결정요인이 된다. 그러나 게임이론에 따르면 참가자들은 합리적 선택을 한다. 신뢰는 일반적으로 합리적 해결 방안이 아니다. 이런 문제는 '죄수의 딜레마prisoner's dilemma' 이론을 살펴보면 분명하게 확인할 수 있다. 비제로섬 게임의 비협력적 행동은 두 가지 전략으로 나뉘는데, 그것은 일방적 이익을 목표로 하는 공격적 전략, 임의성의 원칙을 따르는 맹목적 전략이다.

게임이론의 예로 주된 전략dominant strategy도 있다. 가능한 전략의 조합 각각은 각 참가자가 개별적으로 선택하고, 각자 개인의 관점에서 최선의 전략을 선택한다는 이론이다. 만약 참가자가 전략의 조합 각각에서 똑같은 전략을 선택한다면 주된 전략을 선택한 것이다. 게임 참가자는 결정적 상황에서 늘 똑같은 전략적 선택을 하기 때문이다. 다시 말하면 참가자는 상대편이 어떤 선택을 하든 상관없이 합리적 관점에서 최선의 전략을 선택한다. 따라서 참가자의 전략적 선택은 늘 다른 전략에 비해 열등한 결과를 초래하게 되어 있다. 이런 전략은 피해야 한다. 참가자들이 주된 전략도 열등전략dominated strategy도 갖고 있지 않은 경우, 참가자가 선택하는 최선의 대응이나 전략은 상대편의 전략 선택에 달려 있다. 상대방도 마찬가지다.

이런 게임에서는 내시의 균형 상태가 해법이 된다. 각 참가자의 선택이 상대방의 선택에 대한 최선의 대응을 의미하는 전략의 조합이 있어야 하는 것이다. 이런 경우 상대방이 현재의 전략을 유지한다는 전제 하에 자신이 현재의 전략을 바꾸거나 일방적으로 안정된 상황을 전환하게 하는 유인이 없어야 한다. 이런 균형 상태는 '최선의 상호 반응 원칙'이라고 할 수 있으며, 참가자들이 모두 주된 전략을 갖고 있는 경우에도 똑같이 적용된다.

동시적 게임parallel or simultaneous game은 참가자들이 서로의 행동을 알지 못하는 상황에서 의사결정을 하는 게임으로, 각 참가자는 상대편의 행동과 경기의 결과를 예측해가면서 자신의 행동을 선택한다. 따라서 자신의 선택과 상대방의 선택을 매트릭스에 작성해 다양한 상황을 전제로 전략을 선택하는 것이 좋다.

순차적 게임sequential game은 참가자들이 취하는 전략의 수가 무한한 게임을 말한다. 차례가 돌아오면 참가자는 상대방의 행동에 미칠 영향을 고려해 적절한 행동을 선택해야 한다. 이 방식은 게임 트리나 의사결정 트리를 통해 불확실한 상황들을 경우의 수로 나누어 고려할 수 있다. 얼핏 보면 동시적인 게임에서 전략을 고려하는 것이 훨씬 어렵게 보일 수 있지만, 체스 게임을 해봤다면 순차적 게임이 의외로 복잡하다는 사실을 알 수 있다.

게임은 정적이거나 또는 동적이다. 정적인 게임에서는 동전 던지기처럼 각 참가자가 한 번에 전략을 선택한 뒤 게임이 끝나지만, 동적인 게임에서는 각 참가자가 전략을 선택하고 결과를 본 뒤 다시 전략을 선택하는 과정을 수회에 걸쳐 행한 다음 결과에 따라 보상을 받는다. 그래서 전략을 선택하는 과정이 시간의 흐름을 따른다. 동적인 게임은 동시적 게임이나 순차적 게임으로 진행되기도 하고 동시적 게임과 순차적 게임이 혼합된 게임의 형태로 진행되기도 한다.

게임 참가자들이 전략 집합에서 선택하는 하나의 전략을 '순수 전략pure strategy'이라 한다. 이와 달리 '혼합 전략mixed strategy'은 야구에서 투수가 공을 던질 때마다 변화구와 빠른 직구를 섞어서 던지듯 두 전략을 특정한 확률에 따라(개인의 '위험 선호'에 따라) 적절히 섞어서 사용하는 전략을 의미한다.

완전 정보 게임은 참가자들이 모든 전략과 실행 가능한 전략의 조합, 보수를 알고 시작하는 게임이다. 이런 정보는 게임의 기술적 측면을 의미하기도 한다. 정보를 모르고 시작하는 게임은 불안전 정보 게임이라 한다. 실제로 경제 현실에서 대부분의 기업들은 완전한 정보를 갖고 있지 않다.

참가자가 상대편의 전략을 알지 못하는 경우 게임은 정보가 불완전한 상태의 게임이 된다. 동시적 게임은 늘 이런 식으로 진행된다. 그러나 각 참가자가 언제나 상대편의 전략을 알고 있다면, 게임은 정보가 완전한 상태의 게임이 된다. 이는 순차적 게임에도 그대로 적용된다.[78]

'죄수의 딜레마'는 순차적 비제로섬 게임의 대표 사례로 게임이론의 기본 개념을 잘 보여준다.[79] 예컨대 공범으로 추정되는 죄수 A와 B가 있는데, 검사가 여죄를 추궁하기 위해 두 사람을 따로 심문하면서 여죄를 자백한 사람은 풀어주고 자백하지 않은 사람은 8년 형을, 두 사람 모두 침묵하면 3년 형을, 두 사람 모두 자백하면 5년 형을 선고하겠다고 말했다. 서로 협력할 수 없는 상황에서 A와 B는 두 가지 가능성을 고려할 것이다. 침묵하거나 공범을 배신하고 자백하는 것이다. 이때 가능한 전략의 조합은 [그림 40]과 같

그림 40 **죄수의 딜레마, 전략에 따른 보수**

		B	
		침묵	자백
A	침묵	(-3, -3)	(-8, 0)
	자백	(0, -8)	(-5, -5)

이 나타난다. 그림에서 죄수들이 받을 형량은 유익한 손익이 아니기 때문에 마이너스 기호로 표시했다. 괄호 안의 숫자는 A와 B의 순서다.

게임이론에 따르면 참가자들은 의사결정 과정에서 합리적 선택을 하게 되는데 각자 자신의 사적 이익을 극대화하려 한다. 따라서 A와 B의 전략은 각자 두 가지 가능성을 갖게 된다. 침묵하거나 자백하는 것이다. 그러나 두 경우 모두 자백하는 것이 좋다. 0이 -3보다 좋고 -5가 -8보다 좋기 때문이다. 다시 말하면 3년 형을 사는 것보다 자유의 몸이 되는 게 낫고 8년 형을 사는 것보다 5년 형을 사는 게 낫다. 이때 두 죄수 모두 동일한 지배적 전략을 가지고 있어서 지배적 전략의 균형 상태를 이루기도 한다. 따라서 두 죄수 모두 침묵하면 3년 형을 선고받지만, 각자 사적 이익을 위해 자백을 지배적 전략으로 선택하면 5년 형을 선고받게 된다.

게임이론에서 말하는 합리성과 사적 이익의 극대화 현상은 비즈니스 환경에서도 나타난다. 기업들이 시장 환경에서 자신들에게 유리한 여건을 만들기 위해 협력해야 하는 상황에서 죄수의 딜레마 현상이 나타나는 것이다. 예컨대 기존 제품들은 공격적으로 마케팅하지 않고 비용을 절약하면서 기존 시장점유율을 유지하는 형태로 운영하는 것이 현명하다.

그러나 여기에는 각 게임의 참가자가 배신하는 유인을 가지고 있다는 문제가 생긴다. 죄수의 딜레마처럼 한 사람이 침묵하면 다른 사람이 자백해서 자유의 몸이 되는 식이다. 비즈니스의 세계에서도 비슷한 상황이 나타난다. 한 기업이 광고 캠페인을 벌이지 않으면 그 틈을 타 다른 기업이 재빨리 광고 캠페인을 벌여서 시장을 차지한다. 그래서 협력적 해결은 적당한 제재 장치가 있는 경우에 한해 적용 가능하다.

알고리즘이 바탕이 된 컴퓨터 게임에서 서로 대적하는 방식의 공식화된 전략들도 대거 게임이론에서 개발되었다. 이 전략들 중에서 '눈에는 눈' 원칙이 바탕이 된 '팃포탯tit for tat 전략'이 대표적이다. 팃포탯 전략은 자신의 차례가 오면 상대편과 똑같은 전략적 태도를 취함으로써 협력을 이끌어내는 것을 목적으로 한다. 이 전략은 상대의 태도에 따라 순식간에 돌이킬 수 없는 비협조적 관계를 야기할 수도 있지만, 본질적으로는 상대방과 협상하는 것이 목적이다. 그렇지만 오해의 소지가 있는 상황(지역, 언어, 문화가 이질적인 글로벌 환경)에서 이 전략을 사용하는 것은 매우 위험하다.

이 전략은 특히 산업 경제의 원칙에 따라 시장 행동market behavior으로 나타난다. 예컨대 시장 참가자가 배수의 진80)을 쳐서 자신이 선택한 전략을 확실히 실행하겠다고 암시하는 절대적 전략이 있다. 기업들이 시장에 진입해 매몰비용을 감수하면서 고정된 설비나 생산 능력을 증대할 때 이 전략을 사용하기도 한다. 협력하는 경우에는 제제를 완화해주거나 보상을 해주는 전략도 있다. 제제 완화와 보상에 관한 사항은 흔히 계약을 통해 명시한다.

역동적 경쟁 시뮬레이션

자세히 들여다보면 정치, 경제, 스포츠는 말할 것도 없고 개인의 사생활이나 전시 상황에서도 게임이론으로 상황을 분석하고 평가할 수 있음을 알 수 있다. 그러나 게임이론의 기본 개념을 사전에 적용하기란 쉽지 않다. 소재의 제한성 및 복잡성과 관련이 있기 때문이다. 그럼에도 불구하고 게임이론을 사전에 적용하기 위한 초기 접근법과 수많은 사례들이 개발되었다.

이런 접근법들은 군사 전략에서 유래되었으며 흔히 '전략 게임 strategic gaming' 또는 '워 게임war gaming'이라 한다. 본래 군사전략의 효과를 모의실험하는 데 적용한 이들 접근법은 오늘날 비즈니스 세계에서도 널리 활용되고 있다. 다국적 석유 기업 같은 거대 글로벌 기업들은 실험 단계에서 전략적 접근법을 적용한다. 이 접근법은 이처럼 대규모 상장 회사들[81]이 사용하면서 기술적으로 체계화되었다. 흔히 다국적 경영 컨설팅 기업들이 대기업들을 상대로 이 접근법을 소개하고 있는데, 컨설턴트들이 게임을 준비해 의뢰인들과 실행한 뒤 개개의 대응전략과 결과를 분석한다.

개념적으로 말하면 전략 게임은 실제 비즈니스 환경에 대한 역동적 시뮬레이션으로, 시장과 경쟁 환경에 대한 명시적 가정을 바탕으로 전략적 의사결정을 평가하는 방법을 최고경영자에게 제공하는 것이 목적이다. 전략 게임은 다음과 같은 단계에 따라 실행한다.

• 1단계: 테스트할 핵심 가설을 세운다.

- 2단계: 경제 모형(시장과 경쟁)을 구현한다.
- 3단계: 의뢰 회사와 핵심 경쟁자 역할을 할 네다섯 개의 팀을 꾸린다.
- 4단계: 서너 개의 대응전략을 각각의 실행 기간(1년에서 2년)에 따라 실행한다.
- 5단계: 게임을 마치고 나서 개개의 대응전략을 분석하고 핵심적인 전략 결정을 평가한다.
- 6단계: 계획된 결과와 예상하지 못한 결과를 정리해서 피드백한다.

사전 게임 단계에서 상세히 준비해야 할 핵심 사항은 두 가지가 있다. 바로 경제 모형을 구현하고 경쟁자 팀을 편성하는 것이다. 경제 모형은 정량적 컴퓨터 모델로 게임에서 시장과 경쟁 환경을 시뮬레이션하고 개개의 대응 전략 반응을 분석하기 위한 것이다. 이어서 핵심 가설에 따라 관련 자료를 모형화한다. 이에 따라 시장에서 수요 탄력성, 공급 변수, 시장 성장률 등을 고려하고, 경쟁의 측면에서 특히 판매/비용 구조와 투자 잠재력을 모형화한다. 그런 다음 개별 대응 전략과 그에 상응하는 시장과 경쟁자의 반응을 모형에 추가한다. 의뢰인 팀과 경쟁자 팀은 당연히 의뢰인 쪽 사람들로 구성되는데, 이때 경쟁사의 경영자 역할을 하면서 경쟁사의 반응을 최대한 이끌어내는 것이 중요하다.

이러한 작업을 원활히 수행하기 위해서는 사전 준비 단계에서 다음과 같이 심리적 성향 기준을 마련해 직원들이 담당한 역할을 최대한 파악하도록 한다.

- **지위**: CEO, CFO, 회장 등
- **역할**: 기획자, 네트워커(인맥 구축 및 활용), 코스트 커터(비용 삭감), 통제자 등
- **리더십 유형**: 전망 제시형, 코치형, 관계 중시형, 민주형, 선도형, 지시형 등
- **의사결정 방식**: 민주형, 참여형, 선도형 등
- **팀 구성**: 조정자, 협동자, 전문가 등
- **팀 관리**: 외향형, 내향형, 직관형, 감성형 등
- **배경**: 학력, 사생활, 경력, 과거의 전략 결정 등

경제 모형과 심리적 성향 기준은 기초 자료, 시장보고서, 연례보고서, 보도자료 등을 심층적으로 분석해 구성한다. 전문가들과 인터뷰를 하면 경쟁사의 내부 가격 구조, 경영자의 성격까지 구체적

으로 파악할 수 있다. 경제 모형을 구현하고 경쟁자 역할의 팀을 꾸릴 때는 정형화된 준거 틀, 즉 SWOT분석, 기업 전략, 비즈니스 전략이 요구된다. 전략 게임은 컨설턴트 두세 명의 도움을 받아 3~4개월 정도 시간을 마련해 준비한다.

이렇게 준비된 전략 게임은 이틀 정도 실행하는데, 향후 5년을 대상으로 대응 전략 서너 개를 역동적으로 시뮬레이션한다. 게임이 시작되면 모든 팀들은 팀 간의 소통이 차단되는 서로 다른 방에 들어가 역할에 따라 전략적 결정을 내린 후 게임 조정자에게 통보한다. 이런 식으로 각 팀이 동시에 내놓은 대응 전략들을 경제 모형에 추가한다. 이어서 각 팀은 대응 전략의 결과와 이전의 전략들을 공유한 후 다시 새로운 전략을 시뮬레이션한다. 각 팀의 전략 시뮬레이션은 대략 네 시간 동안 진행되는데, 한 해 전체를 적절히 시뮬레이션하기 위해 부수적인 전략(가령, 분석가 회의 개최)을 내놓기도 한다.

모든 대응 전략을 실행한 뒤에는 경제 모형의 반응 결과와 초기의 핵심 가설을 비교 분석해 결과를 도출한다. 이때 의뢰 기업의 전략 성공 유무를 토대로 유리하게 작용한 전략과 잘못된 의사결정, 더 효과를 볼 수 있었던 전략을 분석할 수 있다. 이런 사후 분석은 게임 전반에 대한 종합적 분석과 함께 대체로 2주 동안 진행된다.

전략 게임은 주로 시장 진입 전략, 수직적 통합 확대, M&A 가격 전략, 적대적 인수 전략, 공개 위탁계약 수여(유니버설이동통신시스템 universal mobile telecommunications system 면허, 군비 계약) 등의 이슈와 핵심 가설을 바탕으로 실행한다. 시장에 진입하는 기업이 전략 게임을 활용하면 위험을 줄일 수 있고 전략적 결정을 역동적 시뮬레이션으로 시험하면서 시장과 경쟁자들의 반응을 고찰할 수 있다. 전략 게임에서 승리하면 예정된 전략을 그대로 실천하고, 실패하면 예정된 전략을 재고하면서 유리한 전략을 검토하면 된다. 이렇게 전략 게임을 실행하면 전략 경영의 관점을 확대하면서 아울러 정적 도구static tools로 분석한 결과들을 보완할 수 있다. 이보다 더 역동적인 전략은 없다.

마치며

CEO에서 사원까지
전략 결정자로 거듭나라

지금까지 전략의 기초와 전략 경영, 핵심 전략 접근법들과 그것들의 상호 관련성에 대해 알아봤다. 이제 주요 비즈니스 현안을 도출하는 데 전혀 부족함을 못 느낄 것이다. 전략 경영의 정수가 고스란히 담겨 있는 이 책을 통해 치열한 경쟁 환경에서 살아남기 위한 필수 전략 노하우를 완벽하게 터득하기를 바란다.

오늘날 기업의 전략 문제를 속 시원히 풀어주는 책을 찾기란 쉽지 않다. 경영에 도움이 되는 책이 몇 권 있긴 하지만 핵심이 빠져 있기는 마찬가지다. 세상을 뒤흔든 천재들의 비즈니스 성공 비결은 언제나 후대에 가서야 밝혀지고 1등 기업들의 성공 전략은 저마다 다르기 때문이다. 이런 점으로 미뤄볼 때 어떤 상황에서나 적용 가능한 최적의 전략은 사실상 없다고 봐도 과언이 아니다.

따라서 시장의 변화를 주시하며 전략을 개발하고 발전시켜나가는 수밖에 없다. 시장 환경은 끊임없이 바뀌고 경쟁자에 대한 예측은 불가능하며 기술은 나날이 진보하고 있다. 이처럼 불확실성이 지배하는 시장에서는 CEO에서 사원까지 모든 구성원이 전략 결정자가 되어 혼돈에 대응하는 성공 전략을 마련하고 조직에 유리한 의사결정을 내려야 한다.

한 치 앞도 보이지 않은 불안의 시대에 불확실성에 거침없이 도전하고 면밀한 분석으로 전략적 결정을 수정한다면 장기적으로 조직을 성공가도에 올려놓을 절호의 기회를 잡게 될 것이다. 이 책에 소개된 전략적 도구와 프로세스를 활용해 시장의 변화에 대응하라. 대책 없이 보고만 있으면 아무것도 할 수 없다.

필립 코틀러, 롤란트 베르거, 닐스 비코프

감수의 글

한 권으로 읽는 필립 코틀러의
경영, 전략, 마케팅 철학의 핵심

현재 국내외 기업 환경은 그 어느 때보다 심각한 불확실성과 혼돈 속에 있다. 그동안 학문적으로, 기술적으로 눈부신 발전이 이뤄지면서 수많은 경영 이론들이 진화되어왔고 계량적으로도 경제 예측이 가능해져 실제로 기업 경영에 많은 도움이 되었다.

그러나 최근 들어 급격히 증가한 불확실성과 혼돈 때문에 경영 환경에 대한 분석과 예측이 무력화되고 있다. 또한 계속되는 더블 딥double dip(경기 이중 침체) 현상과 경기 침체의 깊이 및 기간의 모호성 등으로 인해 경제 환경 패턴이 심각하게 파괴되면서 기업들이 큰 도전을 받고 있다. 더욱이 IT기술의 발달로 정보가 넘쳐나고 정보 수집의 다양성과 편리성이 증가하면서 보다 영리하고 이성적인

소비자가 등장함에 따라 경영은 더 복잡해지고 정교해졌으며 기업

간 경쟁도 더욱 치열해졌다.

이처럼 글로벌 경쟁이 치열해지고 시장이 하루가 다르게 변해가

면서 적절한 전략을 세우는 일이 갈수록 어려워지고 있다. 기업들

은 최근 들어 더욱 심화되고 있는 글로벌 경기 침체 아래 어느 때

보다도 더 치열하게 고민할 수밖에 없는 상황에 직면하게 되었다.

그렇다면 이처럼 격동과 혼돈이 일상화된 시대를 맞고 있는 기업

들에게 전략이란 무엇인가?

군대를 이끈다는 뜻의 그리스어 '스트라테고스Strategos'에서 유래

된 '전략Strategy'이라는 단어는 오늘날 정치, 경제, 사회, 문화 등 인

류가 활동하는 모든 영역에서 쓰이는 보편적인 단어이지만 기업들

에게는 매우 중요한 의미로 자리하게 되었다. 1950년대에 경영전

략의 학문적 토대와 발전 방향을 제시한 전략 분야의 대가 이고르

앤소프는 전략을 가리켜 "기업들이 판매할 제품과 시장을 선택하

는 것"이라고 정의했다. 하버드 대학 경영대학원의 케네스 앤드루

스Kenneth Andrews 교수는 저서 《기업 전략의 본질The Concept of Corporate

Strategy》에서 "전략은 그 기업이 어떤 사업 분야에 참여해야 하고,

어떤 성격의 회사이어야 하는가를 결정하는 중요한 이론이다"라

고 정의했다. 이러한 정의들을 살펴볼 때 경영에서 전략은 "기업들

이 경쟁우위를 확보하기 위한 계획 및 의사결정"이라 할 수 있다.

《필립 코틀러 전략 3.0》은 기존의 수많은 전략 경영에 관한 책들과는 확연히 다르다. 무엇보다 세계적인 경영사상가인 필립 코틀러가 40여 년 동안 학생들을 가르치고 연구 활동을 하면서 쌓아온 경영 철학이 고스란히 담겨 있다는 점이 그렇다. 이 책은 코틀러의 경영 철학을 바탕으로 한 방대한 분량의 전략 경영론을 한 권으로 압축해놓은 책이라 해도 과언이 아니다. 당연히 그동안 코틀러가 강조해온 경영, 전략, 마케팅의 핵심이 이 책에 모두 들어 있다.

코틀러를 비롯한 저자들은 이 책에서 우선 전략의 기본 개념과 전략 경영 프로세스를 일목요연하게 소개하고 있다. 또한 SWOT 분석, BCG매트릭스, 핵심 역량 접근법 등 전략을 수립하는 데 활용되는 여러 가지 도구들을 소개하고 그것들의 상호 관련성을 명확하게 짚어준다. 아울러 이를 통해 경쟁에서 살아남는 데 필요한 핵심 전략들을 기업의 상황에 맞게 적용할 수 있는 방법들을 제시하고 있다.

코틀러는 우리가 전략의 정의부터 새롭게 인식하기를 권한다. 그리고 이 책에 나와 있는 전략적 도구와 프로세스를 활용해 오늘날처럼 복합적이고 역동적인 상황일수록 긴 안목으로 전략적 의사결정을 내려야 한다고 충고한다. 위기의 상황일수록 기업의 핵심, 즉 강점이 무엇인지 다시 꼼꼼하게 살펴볼 필요가 있다는 의미다. 전략의 정의에서부터 전략 경영의 실제까지 아우르며 핵심 비즈니스 생존 전략을 담고 있는 이 책은 전략에 대한 기본 개념들을 정리하고, 그것들을 통해 새로운 기회와 위험이 공존하는 이 시대에 적합한 전략과 정책을 수립하고 실행하는 데 많은 도움을 줄 것이다.

이 책은 그동안 책이나 강의를 통해 전략 경영의 핵심 개념과 이론들을 숙지하고는 있지만 정작 현장에서는 제대로 활용하지 못하고 있는 이들에게 오랜 고민을 풀어줄 실마리가 되어줄 것이다. 독자들이 이 책을 통해 전략 경영의 이론과 실천 사이에 놓인 벽을 허물 수 있게 되기를 바란다. 또한 코틀러를 위시한 위대한 학자들이 남긴 명저를 통해 전략을 공부해온 사람들도 머릿속에 담겨 있는 지식을 다시 한번 정리해보는 계기가 될 것이다. 코틀러는 바로 이런 과정을 통해 자신의 업무에 대한 자신감을 갖게 될 것이라고 말한다. 오늘날과 같이 급변하는 시장에서 우리는 코틀러의 주옥 같은 조언을 귀담아들을 필요가 있다.

경희대학교 경영대학 명예교수
박기안

1) 경영을 포괄적으로 다룬 탁월한 참고도서로 다음 책을 추천한다. Pettigrew A., Thomas H. and Wittington R. (ed.), *Handbook of Strategy and Management*, London et al. 2002.

2) 사실의 왜곡을 피하기 위해 전략 경영의 창시자들이 작성한 원본 문서들을 토대로 전략 경영의 방법을 설명했다.

3) Markides C., "A dynamic view of strategy" in: *Sloan Management Review* 40/3(1999), pp.55~63.

4) 이해를 돕기 위해 '전략'이라는 표현을 쓴 것이지 역사적으로 증명된 사항은 아님을 밝힌다. 하지만 분명히 이렇게 또는 이와 유사한 방식으로 전략을 세울 수 있었을 것이다.

5) Bickhoff N., *Erfolgwirkungen strategischer Umwelt-management-massnahmen* [Strategic environmental management measures and their impact on success], Wiesbaden, 2000, p.53.

6) Bickhoff N., op. cit. p.53.

7) Brews P. J., "Star Trek strategy: Real strategy at work" in: *Business Strategy Review*, Autumn 2003, Volume 14, Issue 3, pp.34~43.

8) Brews P. J., op. cit.

9) 특정 기업의 연례보고서 여러 개를 비교해보면 특정한 사안에 관련된 내용을 파악할 수 있을 것이다.

10) Zu Knyphausen-Aufsess D., Bickhoff N. and Bieger T., "Under-standing and breaking the rules of business: Toward a systematic four-step process" in: *Business Horizons*, Kelley School of Business, Indiana University, September-October 2006, pp.369~377

11) 이 책의 3장을 참고하라.

12) Mintzberg H., "The Manager's Job: Folklore and Fact" in: *Harvard Business Review*, July-Aug. 1975, pp.49~61.

13) Andrews K. R., *The Concept of Corporate Strategy*(2nd ed.), Homewood et al. 1980.

14) Mintzberg H., *The Rise and Fall of Strategic Planning*, Hemel et al. 1994.

15) 경영에 대한 관심과 사회의 요구사항을 명시적으로 고려 대상에 넣

기도 하지만, 여기서는 이런 측면을 배제하기로 한다.

16) Hill T. and Westbrook R., "SWOT analysis: It's time for a product recall" in: *Long Range Planning*, Vol. 30(1997), No. 1, pp.46~52.

17) 참으로 놀라운 사실이지만 우리는 너무 자주 이런 착각에 빠진다. '위기가 곧 기회'라는 말은 외부로부터의 위험이나 변화가 기업에 위기를 초래하지만, 이런 위기가 약점이 되는 동시에 새로 시작할 기회가 되는 경우에 한해 쓰는 말이다. 직접적인 관련성이 없는 개념에 빠져서는 안 된다.

18) Ansoff I., "Strategies for diversification" in: *Harvard Business Review*(1957), pp.113~124 and Ansoff I., *Corporate Strategy*, New York 1965.

19) 다각화의 두 가지 형태(수직적 다각화, 수평적 다각화)에 대해서는 여기서 자세히 다루지 않을 것이다.

20) 사실 GE는 세계에서 가장 가치 있는 기업이지만, 유가나 기술 혁신의 정도에 따라 마이크로소프트나 엑손에게 계속해서 자리를 빼앗기고 있다.

21) BCG는 브루스 핸더슨이 설립한 보스턴컨설팅그룹을 의미한다.

22) 경험곡선에 관한 핸더슨의 비평을 참고하라. How does it work?, Boston 1974, Handerson B., *Handerson on Corporate*

Strategy, Cambridge 1979, and Handerson B., *The Logic of Business Strategy*, Cambridge 1984.

23) 경험곡선 효과experience curve effect는 매출 규모가 두 배가 됨으로써 단위 원가가 일정한 비율로 저하되는 현상을 말한다. 규모의 경제는 생산 요소 투입량의 증대에 따라(단위시간당 단위 생산량 증대) 생산 비용이 절감되거나 수익이 향상되는 것을 의미한다. 여기서 중요한 차이가 있다. 경험곡선 효과는 지역의 구두공장처럼 장기간 시장에서 활동한 소규모 업체에도 적용된다. 반면에 규모의 경제는 대기업들, 예컨대 생산 능력을 최대한 활용하는 기업들이 실현한다. 물론 이런 대기업들 역시 경험곡선 효과를 경험한다.

24) 손익계산서를 보면 연간수익과 감가상각비 등을 계산해서 현금흐름을 대략 파악할 수 있다.

25) Brews P. J., op. cit.

26) Brews P. J., op. cit.

27) Scherer F., *Industrial Market Structure and Economic Performance*(2nd ed.), Chicago 1980, or Bain J., *Barriers to New Competition*, Cambridge(MA) 1956.

28) Scherer F., op. cit.

29) Porter M., *Competitive strategy*, New York 1980, and Porter M., "Towards a dynamic theory of strategy" in: *Strategic*

Management Journal 12(1991), pp.95~117.

30) Hutzschenreuter T., *Wachstumsstrategien* [Growth strategies], Wiesbaden 2001. p.137.

31) Prahalad C. and Hamel G., "The Cometence of the corporation" in: *Harvard Business Review*, May–June 1990, pp.79~91.

32) Eisenhardt K. and Sull D., "Strategy as simple rules" in: *Harvard Business Review*, January 2001, pp.107~116.

33) Eisenhardt K. and Sull D., op. cit., p.109.

34) Mintzberg H., op. cit.

35) Zu Knyphausen–Aufsess D. and Meinhardt Y., "Revising Strategy: Ein Ansatz zur Systematisierung von Geschäftsmodellen" [Revising strategy: An approach for systemizing business models] in: *Zukünftige Geschäftsmodelle* [Future business models], T. Bieger et al. (ed.), Berlin et al. 2002, p.69.

36) Zu Knyphausen–Aufsess D. and Meinhardt Y., op. cit., p.77.

37) Zu Knyphausen–Aufsess D. and Meinhardt Y., op, cit., p.73.

38) 이런 전략을 비용 기반 전략cost-based strategy과 비교할 때 더욱 분명해진 다. 비용 기반 전략은 접근법과 해법이 좀 더 분명하기 때문에 개념 화하기가 훨씬 쉽다.

39) 어떤 사업의 가치를 나타내는 척도로, 최초 투자 시기부터 사업이 끝 나는 시기까지 연도별 순편익(편익에서 비용을 차감한 금액)의 흐름을 각 각 현재가치로 환산하고 합해서 구한다. 모든 할인현금흐름discounted cash flows의 총합도 순현재가치로 본다. 보다 자세한 내용은 다음을 참고하 라. Hawawini G. and Viallet C., *Finance for Executives: Managing for Value Creation*(2nd ed.), Mason 2002.

40) Rappaport A., *Shareholder Value*(2nd ed.), Stuttgart 1999.

41) 주주 가치 접근법은 간단히 'FCF=세후영업이익+감가상각비-운전 자본비용operating CAPEX'으로 나타낼 수 있다.

42) 개별 연도의 자유현금흐름은 해당 연도에 활용되므로 다음 연도의 평 가에는 적용되지 않는다. 보다 자세한 내용은 다음 책을 참고하라. Schwenker B. and Spremann K., *Management between Strategy and Finance*, Berlin et al. 2009, p.143.

43) 시장의 역동성을 고려해 계속기업 가치를 평가하는 공식도 있는데, 계속기업 가치가 매우 낮게 평가되기도 한다.

44) Bötzel S. and Schwilling A., *Erfolgsfaktor Wertmanagement* [Value-based management as a success factor], Munich et al. 1998, p.32

45) 흔히 '합병 후 통합(post-merger integration; PMI, 인수합병 후 통합하는 기업합병 방법)'이라 한다.

46) Schwenker B. and Bötzel S., *Making Growth Work*, Berlin et al. 2007.

47) EBIT는 'Earning Before Interest and Tax'의 약자로 이자비용과 법인세를 차감하기 전의 영업이익을 뜻한다.

48) 기초 시점의 총 주식 가치 대비 일정 기간 동안의 배당금 및 기말 시점의 총 주식 가치의 함수로 계산한다. 이는 일정 기간 동안의 영업활동에 따른 주주 가치 창출의 평가지표로 활용된다.

49) 2장 도입부에서 언급한 기술적 분석 접근법을 참고하기 바란다.

50) Hammer M. and Champy J., *Reengineering the Corporation*, New York 1993.

51) Harrington H. J., *Business Process Improvement*, New York 1991, p.9.

52) Hammer M. and Champy J., op. cit., p.32ff.

53) Hammer M., "The Superefficient company" in: *Harvard Business Review*, September 2001, pp.82~91. Examples of intercompany processes include supply and R&D processes between suppliers and procedures.

54) Hammer M. and Champy J., op. cit.

55) Hammer M. and Champy J., op, cit., p.51ff.

56) Hammer M. and Champy J., op. cit., p.65ff.

57) 1990년대에 실시한 컨설팅에서 자료를 인용했으며 해당 기업의 이름
은 밝히지 않는다. 이 기업은 당시에 수백만 도이치마르크의 수익을
창출했다.

58) 1년 동안 각 사업체에 투입된 노동량을 계측한 것으로 한 사람이 1년
동안 수행하는 작업량을 의미한다. 하루 중 반나절만 일하는 직원은
직원 한 명으로 계산하지만 노동량은 반년만 일한 것으로 계측한다.

59) 이런 프로젝트에서 수차례 세밀하게 분석하고 기록하는 과정을 거쳐
[그림 28]과 같은 결과를 얻게 되었다.

60) Levitt T., "Marketing Myopia" in: *Harvard Business Review*,
July and Aug. 1960, pp.45~56.

61) Kotler P. and Keller K. L., *Marketing Management*(13th ed.),
Upper Saddle River 2008.

62) 수많은 프로젝트를 비교 분석하고 평가해서 도출했다.

63) Baumgarth C., *Markenpolitik* [Brand Policy], Wiesbaden
2001, p.6.

64) 여기서는 잘 알려진 마케팅 믹스와 4Ps(product, price, place, promotion)에 대해 다루지 않는다.

65) Pearson S., *Building Brands Directly*, London 1996, p.6.

66) Aaker D. A., *Managing Brand Equity*, New York 1991.

67) www.interbrand.com

68) 다음 절에서 사례를 소개한다.

69) Aaker D. A., op. cit.

70) Aaker D. A., op, cit., p.269.

71) Kapferer, J. N., *(Re)inventing the Brand*, London et al. 2001, p.112.

72) 이전 내용을 참고하라.

73) Hansmann K. W., *Industrielles Management*[Industrial Management] (5th ed.), Munich et al. 1997, p.50.

74) Kröger C., *Strategisches Marketing von Online-Medienprodukten: Marktattraktivität und Wettbewer-bspositionen* [Strategic marketing of online media products: Market attractiveness and competitive positions], Wiesbaden 2002,

p.301.

75) Hansmann K. W., Nissen M., Carstensen H. and Bickhoff N., *Studie öffentliche Events in Hamburg*[Study of Public events in Hamburg], Hamburg 2005.

76) 게임이론을 다룬 대표적인 책으로 다음 책을 추천한다. Dixit A. K. and Nalebuff B. J., *Thinking Strategically*, New York 1991. 게임이론의 수학 영역에 관심 있는 독자들에게는 다음 책을 권한다. Dutta P. K., *Strategic and Games*, Cambridge(MA) et al. 2001.

77) 경제학자 존 하사니John Harsanyi와 라인하르트 젤텐Reinhard Selten도 게임이론을 연구했다.

78) Dixit A. K. and Nalebuff B. J., op. cit. 이 책은 위에서 설명한 게임이론의 기본 개념과 실제 사례들을 간략하고 알기 쉽게 설명한다.

79) 죄수의 딜레마는 예를 들어 형량에 따라 다양한 형태를 띠겠지만, 딜레마 자체는 똑같이 일어난다.

80) 이 표현은 '다리를 불태워 퇴로를 차단한다'는 의미로 군사작전에서 유래했으며, 상대방에게 확고한 의지를 보여준다.

81) Dax 30, S&P 500, FTSE 100 등.

참고
문헌

Aaker D. A., *Managing Brand Equity*, New York 1991.

Andrews K. R., *The Concept of Corporate Strategy*(2nd ed.), Homewood et al. 1980.

Ansoff I., *Corporate Strategy*, New York 1965.

Ansoff I., "Strategies for diversification" in: *Harvard Business Review*, 1957, pp.113~124.

Bain J., *Barriers to New Competition*, Cambridge(MA) 1956.

Baumgarth C., *Markenpolitik* [Brand policy], Wiesbaden 2001.

Bickhoff N., *Erfolgswirkungen strategischer Umwelt-managment-massnahmen* [Strategic environmental management measures and their impact on success], Wieswaden 2000.

Bötzel S. and Schwilling A., *Erfolgsfaktor Wertmanagement* [Value-based management as a success factor], Munich et al. 1998.

Brews P. J., "Star Trek strategy: Real strategy at work" in: Business Strategy Review, Autumn 2003, Volume 14, Issue 3, pp.34~

43.

Dixit A. K. and Nalebuff B. J., *Thinking Strategically*, New York 1991.

Dutta P. K., *Strategies and Games*, Cambridge(MA) et al. 2001.

Eisenhardt K. and Sull D., "Strategy as simple rules" in: *Harvard Business Review*, January 2001, pp.107~116.

Hammer M., "The superefficient company" in: *Harvard Business Review*, September 2001, pp.82~91.

Hammer M. and Champy J., *Reengineering the Corporation*, New York 1993.

Hansmann K. W., *Industrielles Management*[Industrial management] (5th ed.), Munich et al. 1997.

Hansmann K. W. and Nissen M. and Carstensen H. and Bickhoff N., [Study of public events in Hamburg], Hamburg 2005.

Harrington H. J., *Business Process Improvement*, New York 1991.

Hawawini G. and Viallet C., *Finance for Executives: Managing for Value Creation*, 2nd edition, Mason 2002.

Henderson B., *The Experience Curve Reviewed: How does it Work?*, Boston 1974.

Henderson B., *Henderson on Corporate Strategy*, Cambridge 1979.

Henderson B., *The Logic of Business Strategy*, Cambridge 1984.

Hill T. and Westbrook R., "SWOT analysis: It's time for a product recall" in: *Long Range Planning*, Vol. 30(1997), No. 1, pp.46 ~52.

Hutzschenreuter T., *Wachstumsstrategien*[Growth strategies], Wiesbaden 2001.

Kapferer J. N., *(Re)inventing the Brand*, London et al. 2001.

Kotler P. and Keller K. L., *Marketing Management* (13th ed.), Upper Saddle Rive.

Kröger C., *Strategisches Marketing von Online-Medienprodukten: Marktattraktivität und Wettbewerbspositionen* [Strategic marketing of online media products: Market attractiveness and competitive positions], Wiesbaden 2002.

Levitt T., "Marketing Myopia" in: *Harvard Business Review*, July and Aug. 1960, pp.45~56.

Markides C., "A dynamic view of strategy" in: *Sloan Management Review 40 and 3*(1999), pp.55~63.

Mintzberg H., "The Manager's Job: Folklore and Fact" in: *Harvard Business Review*, July–Aug. 1975, pp.49~61.

Mintzberg H., *The Rise and Fall of Strategic Planning*, Hemel et al. 1994.

Pearson S., *Building Brands Directly*, London 1996.

Pettigrew A. and Thomas H. and Whittington R. (ed.), *Handbook of Strategy and Management,* London et al. 2002.

Porter M., *Competitive strategy,* New York 1980.

Porter M., "Towards a dynamic theory of strategy" in: *Strategic Management Journal* 12 (1991), pp.95~117.

Prahalad C. and Hamel G., "The core competence of the corporation" in: *Harvard Business Review,* May–June 1990, pp.79~91.

Rappaport A., *Shareholder Value*(2nd ed.), Stuttgart 1999.

Scherer F., *Industrial Market Structure and Economic Performance*(2nd ed.), Chicago 1980.

Schwenker B. and Bötzel S., *Making Growth Work,* Berlin et al. 2007.

Schwenker B. and Spremann K., *Management Between Strategy and Finance,* Berlin et al. 2009.

Zu Knyphausen–Aufsess D. and Bickhoff N. and Bieger T., "Understanding and breaking the rules of business: Toward a systematic four–step process" in: *Business Horizons,* Kelley School of Business, Indiana University, September–October 2006, pp.369~377.

Zu Knyphausen–Aufsess D. and Meinhardt Y., "Revisiting Strategy: Ein Ansatz zur Systematisierung von Geschäftsmodellen"[Revisiting strategy: An approach for systemizing business models] in: Zukünftige Geschäftsmodelle [Future business model], T. Bieger et al.(ed.), Berlin et al. 2002.

옮긴이 방영호

아주대학교에서 영문학과 불문학을 전공하고 동 대학교 국제학부에서 유럽지역학을 공부했다. KT&G 휴럼, 한미약품 한미FT, 벤트리 등 여러 기업에서 마케팅 기획 및 상품 개발 관련 업무를 담당했다. 현재 경제경영 및 인문교양 분야 전문번역가로 활동하고 있다. 옮긴 책으로 《필립 코틀러 카오틱스》《필립 코틀러 퍼스널 마케팅》《왜 똑똑한 사람이 멍청한 짓을 할까》 등이 있다.

필립 코틀러 전략 3.0

1판 1쇄 발행 2011년 9월 16일
1판 3쇄 발행 2013년 5월 28일

지은이 필립 코틀러 외
옮긴이 방영호
감 수 박기안 외
펴낸이 고영수
펴낸곳 청림출판
등록 제406-2006-00060호
주소 135-816 서울시 강남구 도산대로 남25길 11번지(논현동 63번지)
    413-756 경기도 파주시 교하읍 문발리 파주출판도시 518-6 청림아트스페이스
전화 02)546-4341 **팩스** 02)546-8053

www.chungrim.com
cr1@chungrim.com

ISBN 978-89-352-0888-3 93320

잘못된 책은 교환해드립니다.